ちくま文庫

減速して自由に生きる

ダウンシフターズ

高坂勝

筑摩書房

目次

第4章　たった6坪の呑み屋
──「たまにはTSUKIでも眺めましょ」開店　91

第5章　ヒマで繁盛しないのに黒字経営！　115

第7章　自給➡自信➡自立➡自由　173

第8章　システムから降りる　193

第9章　ダウンシフターズ　209

第10章　小ささで世界を変える　223

文庫版まえがき

生きていて息苦しい！　自分に負けちゃいけない！　転げ落ちたら終わり！　這《は》い上がろうにもムリ！　諦めながら生きるしかない！　世の中そういうもんなんだから仕方ない！　こんな自分でいいのか！　死んだほうが楽かもしれない！　そうやって人生を悩み、堪えて生きている人がなんと多いことか。あなたもそうではありませんか？　私もかつて、そうでした。

右肩上がりの経済成長がくればトンネルを抜けられるって？　断言します。経済成長を追い求めれば求めるほど、今よりサバイバルゲームが激しくなり、ますます生きることが辛くなります。世間に煽《あお》られて消費すればするほど、支払いのために労働時間が増え、余暇がなくなり、自由が奪われます。残念ながら今の世の中のカラクリは、そういう世界経済システムに支配されているのです。有限の地球でこのカラクリを続ける限り、一部の強者が多数の弱者からパイを奪い続けること（＝格差の拡大化）でしか成長などありえません。

二宮尊徳は「道徳なき経済は犯罪であり、経済なき道徳は寝言である」と言いました。私たちの多くは、彼の曰く「犯罪経済」の中で働かねばなりません。もし利潤だけを追い求めるような企業の中で道徳者でいようとすれば、世の中にとっては人の道から外れた不道徳者になってしまう。そんな大きな矛盾と葛藤を抱え、見つからない自分探しを続けるのが、多くの現代人です。

私たちの働き方、暮らし方に、他の選択肢はないのでしょうか？

ありますよ。幸せに生き、世の中を変えるベクトルがあるんです。それが、この本で皆さんとシェアしたい、ちっぽけな私の経験と知恵から導き出した、〝ダウンシフト〟です。

本の前半では、私の歴史を綴りました。サラリーマンの苦悩からうつ病寸前に至って30歳で退職し、旅とフリーター生活の中で世の中への疑問を答えに変えて、34歳で自ら独りで営むOrganic Barを開業するまでです。

後半では、誰もが自らの理想を生きるためのライフスタイル論／ビジネス論／自給論／思考論を具体的に綴りました。私のOrganic Barでの実践、お米を自給する実践、充実のミニマムライフの実践を基軸にしながら、〝これでもか〟というくらいに書いてみました。

テーマの「ダウンシフト」とは、経済成長至上主義から降りることで人間が本来有している幸せと安心の価値に戻り、足るを知る営みになり、分かち合う充足を得る、懐かしいようで斬新な具体的手段です。加えて、おのおのがダウンシフトした幸せな暮らしに移行していったなら、この世の中を好循環スパイラルへ導ける、革命への道筋です（大袈裟かな〜！）。

3年前の2010年にこの本が出版された後、どれだけの人が会社を辞め、自立への道を歩み出したことでしょう！　どれだけの人が就職しない道を選んだことでしょう！　どれだけの人が肩の荷を降ろし、自然体になれたことでしょう！　どれだけの人が、人からの評価でなく、自分で自分を評価できるようになったことでしょう！　どれだけの人が、出会いや繋《つな》がりを摑《つか》み、世の中に働きかけるようになったことでしょう！

理想の自分を生きるために。上を目指さねばならない競争社会から、横を巡る共生社会へ移行するために。持続可能な未来へ人類を導くために。総自営業的社会へ！　総自給的社会へ！　総社会活動家的社会へ！

今が苦しいあなただからこそ、主役になるときが来ました。そうした小さな主役たちが人生を謳歌しながら、世の中を変える時代が来ました。夢物語ではありません。世界各地で起こっている事実です。その証拠に、小さなホンモノの生業《なりわい》を始めた人たちが憧れの対象になっています。田舎に移住して地域興しをしている人たちが注目されています。農的暮らしで自給している人たちがマスコミに多々登場します。年収3

00万で大満足しているチッポケなOrganic Barを営むオッサンたる私が、政党（緑の党 グリーンズジャパン）の代表になってしまっているのです（笑）。

ダウンシフト思考の人たちが、ダイナミックに世界の政治を変えて来ています。対人地雷禁止条約も、クラスター爆弾禁止条約も、劣化ウラン兵器禁止条約も、ハーグ国際刑事裁判所も、国際連帯税も、世界の市民が動かした実績なのです。

ダウンシフターがこれからの時代の最先端になりつつあるのです。小さな主役が地域にたくさんいる世の中こそ、生き方の選択肢が拡がり、希望の溢れるものだと思いませんか。ぜひ、あなたも選択肢になってください。意外と簡単ですよ！

今回の文庫化にあたり、1章分、加筆しました。3年前に単行本で出版されたときからの変化と、ダウンシフトのＨｏｗ Ｔｏを綴りました。どうぞお楽しみください。そのかわり、あなたの人生が読後狂ってしまったとしても、当方、いっさいの責任は負いません。どうしても文句が言いたい方は、Oganic Barまでお越し下さいね。ちなみに週休3日なので、ご注意を！

文庫化の提案を頂きました筑摩文庫の井口かおりさんに感謝申し上げます。

はじめに

「減速生活者／ダウンシフターズ」と聞いてどんなイメージが浮かぶでしょうか。スピードを落とした生活なんて定年退職後に考えればいいと思うかもしれません。時代に取り残されてゆくと感じる方もいるでしょう。はたまた、昨今の経済不況で収入が減った人やリストラされた人を想像することもあるでしょう。いずれにしてもマイナスイメージが浮かぶかもしれません。

10年前まで勤め人として働いていた私は、29歳のときに600万円の年収を貰い、日々頑張っていました。40歳の現在（2010年当時）、一人で小さな商売を営んでいて年収は350万円くらい、時間も有り余っています。まさに「ダウンシフター」と呼ばれるにふさわしい減収と減速です。であるのに、それが自ら望んで選択した豊かな暮らしであると言ったら、信じてもらえるでしょうか。

この言葉を私に教えてくれたのは、ルポライターの荒川龍さんです。経済、社会の潮流を敏感にとらえて人物ルポを描くことが多い荒川さんは、ジュリエット・B・ショアの『浪費するアメリカ人』（2000年、岩波書店刊、森岡孝二訳）の中に「減速生活者／ダウンシフター」という言葉を見つけ出し、私に電話してくれました。嬉しそうな声で茶目っ気たっぷりに「いっしょに、この言葉を流行語大賞にしませんか。髙坂さんの他にも、こうした生き方をしている人、いるかなぁ」と。

ダウンシフターがこの社会の見えないところで徐々に増えているかもしれない。その人たちを「ダウンシフターズ」と定義して、社会の閉塞感をよそに、アンダーグラウンドで生まれつつある働き方や暮らし方を世に出せば、未来に不安な人たち、減収しそうな人たち、リストラされそうな人たち、仕事がない人たち、ニートやフリーターやひきこもりの人たち、未来に夢を抱けない子どもたちなど、多くの人に希望を示せるかもしれません。数年前から私のことをウォッチしてきた荒川さんは、直感的にダウンシフターズという言葉の大きな可能性を感じたのでしょう。

一方、自分のライフスタイルやビジネススタイルを一言で表現できないかと模索し続けていた私も、この言葉を聞いて背中に電気が走りました。特に「ダウンシフターズ」というフレーズが内包するウィット感と奥深さに、長年探し続けていた宝物を見つけたような嬉しさが湧き起こりました。

その後、半年を経て２００９年８月、荒川さんの手により日経ビジネスアソシエオンラインで「減速生活者／ダウンシフターズ」の特集が組まれました。

『自分らしい生き方にギアチェンジした 減速生活者／ダウンシフターズ』

「お金があれば何でも買える」と語った若手起業家は表舞台から消え、米国発のグローバル金融は、笑っちゃうほどの弱点を世界中にさらした。農業と工業の区別もなく、市場をより大きくし、より巨額のお金を流通させることに、世の中はずっと躍起になってきた。今まではGDPやお金が「豊かさ」の基準だったからだ。そして私たちは忙しくなり、家族と食卓を囲み、趣味を楽しむような日常を失い、生活の質は低下した。その憂さを晴らすかのような消費に、束の間、我を忘れてきた。

『浪費するアメリカ人』（2000年、岩波書店刊、森岡孝二訳）の中で、米国人経済学者ジュリエット・B・ショアは、1990年代後半の米国で、次のような人たちを「減速生活者（ダウンシフター）」と呼んだ。

「過度な消費主義から抜け出し、もっと余暇を持ち、スケジュールのバランスをとり、もっとゆっくりとしたペースで生活し、子どもともっと多くの時間を過ごし、もっと意義のある仕事をし、彼らのもっとも深い価値観にまさに合った日々を過ごすことを選んでいる」（同書から抜粋）。その多くは転職を経験して減収になり、素敵なレストランへ行ったり、ブランド品を買ったりする回数も減った。それでも減速生活者には価値あるギアチェンジだったという。一方、日本では、GDPが戦後最大の下落率（２００９年１―３月期）を記録し、多くのビジネスパーソンが減収を余儀なくされそうだ。従来の「豊かさ」の基準が大きく揺らいでいる。そんな今、自分なりの新たな基準を見つけ、それに合った仕事と生活を手に入れた日本版「減速生活者」たちの軌跡を紹介する。

日経ビジネス アソシエ オンライン ■ひと・働き方
「自分らしい生き方にギアチェンジした 減速生活者／ダウンシフターズ」荒川龍
http://www.nikkeibp.co.jp/article/nba/20090723/169489/

こうして日本版「減速生活者」の一人目の事例として私のことが記事になったのでした。

「さらに上へ」「さらに大きく」と目標を積み上げ、「努力」「成長」「拡大」に邁進することを常とする現代社会にあっては、「ダウン」という言葉に悪いイメージを結びつける人も少なくないでしょう。でも私には「ダウンシフターズ」という言葉が、シュールで、お茶目で、微笑《ほほえ》ましくて、愛嬌に満ち満ちて、しかもクレバーで魅力的な言葉に聞こえます。それは、私自身、収入を減らしても豊かな毎日を送っている過去・現在・未来の実践があるからだと思います。

減速して自由に生きる

ダウンシフターズ

第1章

「豊かさ」のリデザイン

◉生業、気ままに

私は30歳まで大手小売業で働いていました。当時、休日は月に8日あり、年収は600万円。朝9時ごろ家を出て、帰りは21時過ぎ。仕事はほどほどに楽しかったし、満足ゆく収入と肩書きがありましたが、一方で、ストレスの多い日々でした。仕事の憂さを晴らすために酒を呑む日々も多かったことを思い出します。

常に自分探しで悩み、「人生はこのままでいいのだろうか」と考えることも多々ありました。それなりの楽しさや幸せを得ていましたが、それ以上の不安不満が心の中に満ちていて、不健康な暮らし方だったように思います。悩みから抜け出したいと考えて将来に役立ちそうなことを探してきては色々とチャレンジするのですが、全てが三日坊主に終わってしまいます。焦りや不安から逃れるためのチャレンジには楽しさが伴わないので長続きしません。子どもの頃から好きでないことには努力ができないタイプでした。親から「お前は努力家タイプだ」と言われても自分は違うと思っていました。好きなことには三度のメシを忘れるほどに夢中になれますが、納得のいかないことには取り掛かれない性格だったのです。嫌なことに努力できない自分を情けなく思っていました。

ＢＡＲの片隅でグラスを傾けながら「人生は所詮、ブルースさ」などと自分に言い聞かせ、何にでも諦め上手になっていました。

今の私は、東京池袋の片隅で、わずか6・6坪ほどの小さな飲食店を営んで7年目になります。夕方18時に開店し23時30分がラストオーダーという営業時間で、日曜日と月曜日を定休とする週休2日です（2010年当時）。

もし昼に営業すると、満席になれば忙しくてたいへんですし、ヒマならヒマで時間の浪費になります。また、ランチは手間と忙しさのわりには利益が少ないものです。よって、夜だけの営業時間にしています。飲食店だというのに週2日も休み、夜の6時間しか営業しないなどと言ったら、多くの方々に「ナマケモノ！」と叱られるかもしれません。

朝の起床から夕方まで好きなことをしてのんびり過ごし、16時か17時ごろ仕込み仕事に入ります。家から店まで100mほどなので通勤ストレスが全くありません。24時過ぎに帰宅後、すぐに就寝します。立ち仕事で程よい疲労感からなのか、布団に入って数秒後には、いびきをかいて寝入っているようです。

店の立地は最寄り駅から10分以上かかり、繁華街から流れてくるお客様は皆無です。3mしかない店の間口には、店名の「たまにはTSUKIでも眺めましょ」を施してある看板があるのみで、店の特徴もメニューも値段も全く説明表示を出していません。

ご近所さんにとっては、不思議系の店として認知されているようです。通りがかりの人にとっては、縦50cm×横40cmの小さな窓から中を覗《のぞ》くことでしか店内の雰囲気がわからないという不親切きわまりない店なので、おそらく初めての人には入店に勇気がいることでしょう。

店の外装内装は自分ですべて手掛けたので業者さんには一切お願いせずに済みました。お金をかけず、「手間隙《てまひま》」「愛情」「時間」をかけたつもりです。白と緑と木の色や木目を活かして落ち着いた雰囲気を醸し出し、狭いながらも清潔感やアート感覚と遊び心を大切にしています。手前味噌ながら、洒落《しゃれ》た店になっていると自負しております。

BGMには私の大好きな音楽たちをその日の気分で流します。ブルース、ジャズ、フュージョン、ロック、ファンク、ソウル、レゲエ、ラテン、ジャパニーズポップス、日本の伝統音楽、などなど。大好きな音楽を聴いて、それを口ずさみながら仕事ができるなんて本当に幸せです。お客様が少ないときには、大好きなミュージシャンのライブコンサート映像を壁に映し出して楽しんでいます。

席数はカウンター6席と4人掛けテーブル二つで合計14席しかありません。ほとんどの集客を口コミに頼っているために、基本的にヒマです。しかし、週に1回から2回は満席になることもあります。靴を脱いで店にお入り頂くので落ち着くのでしょうか、お客様の滞在時間は長く、なかなかお帰りになりません。

　お料理とお酒は安全安心のオーガニック、無添加、無農薬、無化学肥料、非・遺伝子組み換えのものを揃えています。私がひいきする、小さくて誠実な生産者さんやお取引先様を優先し、値引きなどは要求せず、適正価格にて仕入れます。その理由は、素敵なスモールビジネスを応援したいという気持ちからです。料理は野菜、大豆を中心にしたものが多く、マクロビオティックや菜食主義の方にも対応していますが、わずかながら鶏肉を使うメニューも揃えています。チェーンの居酒屋のように安くはありませんが、内容のわりにはほどほどの適正価格で提供しているつもりです。

　すべての仕事はひとりでこなします。人件費がかからないので、お客様がいなくてヒマなときでも、安心して自分の楽しい時間に充《あ》てることができます。本を読んだり、パソコンをしたり、ギターを弾いたり、ぐぅぐぅ居眠りしたり。以前の話ですが、店内に入った常連さんは私が寝ているのを見て、気を遣って音をたてずにお帰りになったとのことです。起こしてほしかったなぁ。

　お客様がいないときやカウンターだけのときは、店内の照明は必要なものしか灯《とも》しません。そのほうがお洒落で落ち着きますし、エネルギー浪費を減らすことは立派な社会貢献です。扉を開けるなり照明が暗いので、「開いていますか？」「入ってもいいのですか？」と申し訳なさそうに尋ねるお客様もいます。もしかしたら、営業していないと思って帰ってしまったお客様もいるかもしれません。

そんないい加減具合ゆえ、月間の売上、および、日割り売上目標などは設けていません。ビジネスに目標が必要だという意識すら、最近は忘れているほどです。しかしながらありがたいことに、開店してから今日に至る6年の間、持ち出し（赤字）になることがありません。しかもたいていの月は、5万～15万円を貯蓄に回すことができています。

大きく儲かりもしませんが、好きなように商売して、ストレスもなく、大きな悩みもなく、夢が少しずつ実現してゆく私は、本当に幸せ者だなぁと思っています。

⊙休みを増やしたら……

２００９年の始まりに、お客様へのメルマガを打ちました。

２００４年の開業から２００８年までの４年間、店の定休日は月曜日のみの週休１日でしたが、２００９年からは日曜日と月曜日を定休にして、週休２日に移行したのでした。

目的は三つです。

第一は、結婚して家族が増えたのでコミュニケーションの時間を大切にしたいとい

『たまにはＴＳＵＫＩでも眺めましょ』は
今年より週休二日のお休みを頂きます。

当店は肥大化しすぎた経済へのアンチテーゼとして、
「小さくていい」「ゆっくりでいい」「無駄でいい」
「がんばらなくていい」「好きに生きていい」
「大儲かりしなくていい」……なる営みで、
持続可能に５年を経るに至りました(^^)
お取引先、そしてお客様との、顔の見える関係性のお蔭です、
本当にありがとうございます(^v^(

現在の世界経済危機に至って想うことですが、
セル（売上）シェアリング
ワークシェアリング
ワーク＆ライフバランス
が今こそ大事ですね。
作りすぎたり、買いすぎたり、捨てすぎる経済から、
適正な経済による幸せへ「ダウンシフト」したいものです。

増えた休日は、
「執筆」「音楽」「小旅」「田んぼのある住まい探し」
「家族との時間」などに充てるつもりです。

どうかみなさまにとっての新年が、
好きなことを素直にできる時代への契機になることを
お祈り申し上げます(^^)

う想いを叶《かな》えたかったからです。小さな旅にも行きやすくなりました。日曜日と月曜日に2泊して火曜日の夕方までに帰れれば夜の営業に間に合います。

たいていの男性は結婚したら家族を養うために今までより頑張るのでしょうが、私の場合は収入を増やすより時間を増やすことを選択しました。妻にも収入があるという好条件ゆえに選択できたのですが、もし仮にそうでなかったとしても、収入と時間のバランスを常に考えているので、私にはむやみに収入のために労働時間を増やすという選択はありえないことです。こんなシュールな話を聞いたことがあります。「ある男は愛する女のために世界一高い山に登り、世界一深い海に潜り、世界一広い大陸も横断した。しかし女は男から去っていった。男が家に居なかったからだ」

第二の目的は、夢への時間を作るためです。実現したい夢は、主に三つありました。

・田んぼを見つけ、米を自給すること
・本を書くこと
・ギター弾き語りライブをすること

休みを増やしたことで田んぼ探しの小さな旅ができるようになり、ついにご縁あって千葉県匝瑳《そうさ》市に理想の水田をお借りすることができました。10年近くも耕作放棄されていた田んぼです。

雑草に埋め尽くされていた土を手作業で開墾し、5月の田植え、隔週の草取り、10月の稲刈りを経て、めでたく収穫に至りました。

取れたお米は150キロ。日本人一人当たりの平均米消費量は約60キロと言われていますから、小さな家族の自給には充分な量です。

田んぼ周りの畦《あぜ》には稲と相性のいい大豆の種を植えたので、初秋には一部収穫して枝豆として楽しみ、晩秋に収穫した大豆の一部は藁《わら》に包んで納豆になり、その他大半の大豆は味噌になりました。いつか自給大豆で醤油作りにもチャレンジしたいものです。

経済がますます不安定化して、個人も減収をこうむる可能性が多い昨今ですが、日本人の主食である米と、味噌や醤油の原料であり、タンパク源にもなる大豆を自給する力さえあれば、安心して毎日を生きてゆけます。「生きることは、食べること」ですから、食べものを買うお金がなくても、自給できれば飢えることはないわけです。

また、農に携わること自体が愉快で楽しく、自分で作った米や味噌を食べる喜びは、言葉では言い表せないほど感慨深いものです。

米などを自給するという長年の夢は、宣言からたった10カ月で実現しました。秋の実りは、「安心」「美味《おい》しい」「自信」「自立」という大きな収穫になったのです。

本を書きたいという夢も動き出しました。世の中を見渡すと、未来に希望が見出《みいだ》しづらい社会情勢です。世界的不況に回復の兆しも見えず、多くの人が暮らしも仕事も下降線を描いてきています。仮に経済成長と謳《うた》われるときが再来しても、みんなが成長の恩恵に与《あず》かるのでなく、むしろ暮らしが辛くなる人が増えるのではないかと気がかりです。

経済成長のためにといって、〝勝ち組〟と〝負け組〟を振り分けるようなことや、必要以上にモノを作って自然環境を破壊するなんて、私はもう、まっぴらです。だから、「拡大や成長がなくたって、自分は充分に幸せに暮らしている」、そうお店で伝えてきたし、本にも書きたいと思っていました。するとあるときから、収入を減らしても自分の望む生き方にダウンシフトする人、つまりは〝ダウンシフターズ〟が、私の店にたくさん出入りするようになってきて、更には、本を書くチャンスにもこうして巡り逢えたのです。休みを増やしたら、やりたいことが実現してゆくことに、感謝の想いがやみません。

ギターを弾いてブルースを歌いたい。これは思春期のころからの憧れですが、当初から諦めていた夢でもあります。それが40歳近くなって、叶いつつあります。元お客様で今では友人のIさんは、プロ級のギタリスト。その彼がデュオを組もうと言い出してくれたのです。私の下手なギターと唄を覆い隠すには充分なほどの腕前です。さて、どこで演奏し、歌うのか？　あります、私の店です。自分の店で歌う分には誰からも苦情は出ないでしょう。下手とはいえ、私の唄で勇気を貰うお客様がいらっしゃるのも事実です。あんなに下手であっても気持ちよく歌うことが許されるのなら、私だって好きなことにチャレンジしていいんだ！　と。やりたいことに躊躇《ちゅうちょ》している人には、チャレンジ・ハードルを下げる素晴らしい歌のようです。演奏や歌が上手でないと、人を感動させられないと思っていましたが、下手であっても人の感動に貢献できる。妙な自信を持った私は、自分の店だけに限らず、おめでたい席などでもギターを弾いて、皆様にご迷惑をかけております。

今後もお客様がリクエストさえしてくれれば、いつでも歌とギターを「披露」するつもりですが、きっと聴く人は、「疲労」するに違いありません。あしからず。

週休2日にした第一の目的は、家族とのコミュニケーションの時間を大切にすること。第二の目的は、夢の実現でした。

最後の第三の目的は、人々が「頑張りすぎない」「働きすぎない」社会に近づけること。必要以上に大儲けしようとして世界を駆け巡っているお金は、地球を6個も買えるほどだそうです。それだけお金があって、何を買うのでしょうか？

その現実がどうしても納得できなくて、だから極小たる私のビジネスで、頑張りすぎずとも、働きすぎずとも、ほどほどのお金で幸せに暮らせることを実践したかったのです。

たかだか小さな呑み屋の休みを週二日にするという私の小さな実践が、大きな世界経済システムを変換させるためのヒントの一つになってほしいという、大きくも謙虚な希望なのです。

休みをたった1日増やしただけで、三つの目的のほとんどが叶い、その実践はお客様へのメッセージとなっています。一方、営業時間が減った分だけ収入も減るという心配は、ただの心配に終わりました。確かに少々は減りましたが、得るもののほうが遥かに大きかったのです。

◉自由時間が、潤《うるお》ってゆく

仕事の日でも昼間はのんびり過ごし、週に二日の休みは家族のため、好きなことのために時間を使う生活が長くなりました。

30歳までは、暇になってしまうと世の中に置いていかれるという恐怖感がいつもありました。成長しなければいけない、多くの情報を常に得なければいけない、そんなものに追われていた気がします。そのわりにはスケジュールの空白を無駄に過ごしていました。自己啓発を怠り、楽なほうへと流れて遊んでしまうのです。

しかしどんなに楽しい遊びに貪欲でも、常に虚《むな》しさがついてまわります。焦る自分、不安な自分を誤魔化すために遊んでいるからなのでしょう。夜になれば友を誘って飲みに行き、二次会はカラオケボックスで無理やり盛り上がる。そんな繰り返しに、ますます人生を深く考えすぎ、自分探しという暗闇の谷間に落ちてゆくのでした。

そうした悩みから卒業した今は、自分探しなどに時間を割いている暇はありません。**昼寝のほうが気持ちいいからです。**時代に取り残されるなんて全く考えもしなくなりました。「まっ昼間から居眠りできるって、最高の幸せだなぁ」と呟《つぶや》きながらウトウトするのです。

テレビのない生活も長くなりました。お蔭で見たくない番組を無駄に見続けてしまって後悔することもなくなりました。ワイドショーやバラエティー番組では、悲惨な事件を効果音まで入れて演出していたり、人のネガティブな側面でうけを狙ったり、暴力・いじめをネタに笑いをとるものまで多々見受けられ、いたたまれなくなります。ニュースでも、スポンサーや政治的に都合が悪いことは報道されないこともあります。CMは大量消費を煽《あお》るものばかりで、見たい番組や素晴らしい番組もたくさんあるのですが、見たくないものを見ることのほうが多いと感じています。

テレビがないと、家族と向き合って食事することができます。映像と音声が流れていると目と心は画面に奪われて、せっかくの食事が口に運ぶだけの行為になってしまいます。それは料理してくれた人やお百姓さんに対して失礼なことです。そして、いのちを捨てて私たちに栄養を与えてくれる植物や動物にも失礼です。食に向き合い、家族の会話で笑いながら食べることこそ、健康への第一歩。一人で食べるにしても、感謝しながらの食事は美味しさ倍増です。「いただきます」「ご馳走様でした」と手を合わせる時間を手放さないことが、健康と豊かさの基本だと思います。

テレビがないと情報から取り残されるのではないかという不安も全くありません。瞬時に必要な情報は実際には少ないでしょう。ニュースは翌日の新聞で知れば充分ですし、メーリングリストやインターネットもあります。災害などの緊急時は、外の気配や近所の動きで察することができます。

さらに、メディアから遠ざかっている私にも、情報は充分入ってきます。時代の最先端を走っているIT企業の社長・マスメディア関係者・ジャーナリスト・弁護士・政治家・教育関係者の方々が、頼んでもいないのに、情報を持ってきてくれるのですから、びっくりです。特に多いのがIT業の人たち。彼らは日々バーチャルな世界に浸っていることの反動で、自然に触れたい、土に触れたい、農をしたい、そして自然と共生する持続可能な未来に貢献したい、という本能と意思が湧き上がってくるようです。机の上に種を置いても芽は出ないし、パソコン画面の中に作物を植えても、収穫して食べることもできませんしね。

潤沢な時間は、暮らしのためにゆっくり使えます。家具、棚、扉、仕様などを使いやすくして、お洒落で快適な住まいに変える大工作業は、家族の中で私の役割です。始めてしまうと楽しくて夢中になり、ついつい仕事に行くのを忘れるくらいです。また、自分で大工すると、壊れても修理できるので、出費がありません。

時間のかかる食材を妻と手作りすることも楽しみの一つ。数日かけてベーコンを作ったり、納豆を作ったり、味噌を仕込んだり、梅干を漬けたり、様々な自給自作を楽しみ、美味しさに感動しています。米と大豆を自給するようになってからは、家で脱穀や種籾《たねもみ》選別などの作業をすることが増えて、昔の人たちの知恵や伝統のルーツに今あらためて気付いて、その奥深さを知るにつけ、うれしくなってくるのです。東京のど真ん中の繁華街で、稲の天日干しをしたり、屋内で足踏み脱穀している家庭など、絶対ないでしょう。人にお話しすると、みんな笑いながらも羨ましがります。

日常の家事である洗濯や掃除なども、ゆっくり行うと楽しいものです。太陽の日差しの中で呼吸しながら洗濯物を干す。夕陽に染まる雲を見ながら洗濯物を取り入れる。パリッと生まれ変わった衣服たちを感謝しながらたたむ。掃除機を使わずに（我が家には掃除機がありません）箒《ほうき》で日々の埃《ほこり》を掃き除き、運動代わりに腰をかがめて床を拭く。雑巾やちりとりや箒や床やゴミたちと、視線を近づけ会話する。そんな朝の掃除のあと、窓から差し込む日差しは爽快です。これほど楽しい家事というものを、女性だけのものにしてはもったいない。

妻も私も時間に束縛されませんから、いいことがいっぱいです。その一つの例が喧嘩です。喧嘩ですら、時間が円満へのよい薬になるのです。何時間もかけてお互いに納得のいくまでゆっくりと話し合いを続けます。溜まった感情を残らず出し切り、原因をとことん探り、解決への道のりに導いていきます。時には数日にまたがることも。お互いの考え方や感性の違いを知り、譲り合いの大切さや気持ちよさに気づいてゆくための、いい機会になります。負の感情を抑えたままストレスを抱え、パチンコに行ったり、深酒したり、やけ食いしたり、やけ買いしてしまっては、何の問題解決にもならない上に、無駄な出費そのものです。

潤沢な時間のお蔭で、そんなにお金はいらなくなりました。私の考える豊かさと楽しさの秘訣は、手間隙かかることを手放さないことです。「お金をかける」のでなく「時間をかける」。もしくは「お金をかける」のでなく「手間隙かける」。また、「買う人」から「作る人」へとシフトしてゆくことも大きな喜びです。こうして楽しさを追求したら、出費が少なくなりました。出費が減れば、減収しても大丈夫なため、働く時間を減らせます。働く時間が減らせれば、ますます手間隙かける時間が増えて、楽しいことが増えるでしょう。これこそがかねてからイメージしていた、暮らしと仕事の好循環スパイラル。楽しさ追求の果てにふと気付いてみると、何があっても生き抜ける知恵が身につき、安心を手に入れていたのです。

第2章

ビジネスパーソンだったころのパラドックス

◉「就職する」までの葛藤

子どものころから疑問に思っていたことが二つありました。

一つ目は、モノがたくさんあることの疑問でした。例えば母親に連れられて街に買い物に行くと、鶏肉屋さんにたくさんのお肉が並んでいます。私は不思議でした。誰がこんなにたくさんの鶏を育てて、誰がこんなにたくさん殺して、誰がこの店まで運んできたのだろう。売れなかったら、このお肉は捨てられてしまうのだろうか。そうだとしたら、あまりにもかわいそうではないか。殺されるとき、どんなに怖かっただろう。どんなに痛かっただろう。それなのに、捨てられてしまうことがあるなんて、信じたくない。目の前に並ぶ鶏だけでなく、日本中、世界中でどれだけの鶏が育てられて、殺されて、食べられて、捨てられるのだろう。そう考えるほどに、何だか怖くなります。

怖かったのは〝大きさ〟です。鶏肉屋さんの前に立っている自分には見えない世界の大きさに、不思議さと怖さを感じたのです。

地球全体の実際の大きさを自分の目で確かめられないから、本当に大きいのだろうけれど信じられない。それほどに大きな地球のあちこちで、想像もできないほど多くていることが怖いのです。

同じような疑問は、他にもたくさんありました。例えば、便所に出したウンコはバキュームカーが運んでゆくけれど、地球上のすべての人が出すたくさんのウンコをどうやって片付けているのだろうか。例えば、世界中で毎日捨てられるゴミは、本当に行き場があるのだろうか？　例えば、大きくて高いビルを作るのにどれだけの材料が必要なのだろうか。そして壊されたときにどこに捨てられるのだろうか。働く人や街の姿を観察しては、こうしたことを不思議に思っていたのです。子ども心に、こういう大きな仕組みが、いつか壊れるんじゃないかと、理由はわからないけれど、漠然と感じていたことを思い出します。

子どものころの疑問を大人になった今の私が言い換えるならば、「想像すらできないほどに大きな地球で、すべてが本当に循環しているのか」「この世の中の大きなシステムは本当に大丈夫なのだろうか」というものだったのだと思います。こんな疑問に対する答えが、今の私の生き方、暮らし方、そして生業《なりわい》に活かされているのかもしれません。

二つ目の疑問は、なぜ大人は子どもたちに、いい高校に進み、いい大学に進み、いい企業に就職することを期待するのか、というものでした。

もちろん、子どもながらに理解していたつもりです。安定した生活を送ることができ、老後も安泰であるということでしょう。しかし仮に、いい高校、いい大学、いい企業に入ったからといって、本当に幸せなんだろうか？　理屈ではわかっていても、心で理解できません。子どものころ、「晴れて60歳で定年退職したら、老後を楽しむぞ」というような言葉をたびたび聞きました。最終目標であった「いい企業に就職」できたとしても、60歳の定年まで、楽しみなしで頑張り続けねばならないのかと思うと、いい企業に就職することの意味がますますわかりませんでした。

そうした疑問に答えを見出せないまま、やっぱり私もいい高校、いい大学に進みました。将来の幸せの基準が見つからず、進学するという安全な道を無難に進むしかなかったからです。

親の期待に応えたいという気持ちもありました。親父は兄弟とともに従業員100人規模の住宅事業を営んでいたので、いずれ引き継ぐことが私の運命だと思っていたのです。でも本当は、親が期待していた税理士や公認会計士への道、もしくは住宅事業を継ぐことにも、あまり関心がありませんでした。むしろ、やりたくないなぁという気持ちのほうが強くありました。税理士でも会計士でも法律や数字に強くなければなりません。子ども時代、数学は得意でしたが大嫌いでした。難しい文章を読むのも嫌いでした。経営者というものにも関心がありませんでした。創業者ならまだしも、二世、三世だから会社を継いで社長になるというのが嫌でした。たまたまそういう境遇に生まれただけで、実力で社長になるのではありません。テレビドラマの中で、営業マンが「社長、社長」とぺこぺこしているシーンを見ると、社長にへつらう営業マンの姿や、社長と言われていい気分になっている社長自身の姿に、嫌悪感を覚えることがありました。ドラマだけでなく、街中でそんな場面に出くわすと、何だか大人の世界に幻滅したものです。人を見ずに、肩書きを見るように思えて嫌になるのです。こんな葛藤を持ちながら、ダラダラと、勉強せずにアルバイトや飲み会に明け暮れる大学時代でした。

就職活動が間近に迫ってきた大学3年の終わりになっても、モヤモヤしていて何も行動しないままでした。そんな自分へのウンザリが限界になってやっと、ひとつの勇気を絞り出せました。〝何でもいいから自分を追い込んでみよう〟〝精神力と体力の限界に追い込んでみよう〟〝答えなんて見つからなくたっていい〟。頭に浮かんだのが、ホノルルマラソン。はじめての海外旅行とはじめてのフルマラソンへのチャレンジ。締め切りギリギリでエントリーし、1カ月前から毎日、20キロを走って準備してゆきました。

さて本番。最初の25キロまでは順調でしたが、30キロを過ぎてからは苦しくて苦しくて思わず足が止まってしまう。次の電信柱までは走るんだ、と再び走り出す。そんな挫折と再起の繰り返し。コース沿いの人々がホースで水をかけてくれたり飲み物をくれたり応援の言葉をくれたりするたびに、涙が溢《あふ》れ、それが勇気になり、歯を食いしばれる次の一歩になりました。〝ささやかな誰かの行為が自分を活かしてくれていたんだ〟と、モウロウとしながら気づきました。ゴールが見えた残り1キロ弱の最後の一直線。最後の力を振り絞って、嗚咽《おえつ》しながら走りぬきました。タイムは4時間9分。完走したときの達成感を忘れることはできません。ゴール後の一時間は放心状態。仰向《あおむ》けに倒れ仰いだ青空と雲のあまりの美しさに感動しながら、意識が遠ざかってゆく中にいました。

晴れやかな気分とともに、摑《つか》んだものがありました。目標や答えなんて見つからなくてもいいから、まずは一歩目を踏み出すことの大切さ。行動を起こしさえすれば、何かを摑める、何かが開ける、何か手ごたえが生まれる。42・195キロをゴールしてやっと、社会人に向けての一歩をスタートできたのだと思います。

◎粋《いき》なミュージシャンたちから得たもの

私が就職活動をしたのは1993年、ちょうどバブル経済が弾《はじ》けた年で、就職浪人が私の周りにも何人か出ました。いわゆるバブル崩壊後の就職難一期生です。前年に就職活動した人は、企業側からたくさんの資料が届き、部屋が埋まるほどだったそうですが、私たちの代はほとんど届かず、就職の厳しさが始まった年でした（今のほうが更に厳しいでしょう）。しかし私自身はわりと順調に面接などを突破し、いくつかの希望している企業から内定を頂きました。就職するまでの間、好きな音楽業界を少しでも経験したいという想いで、当時一世を風靡していた新鋭の音楽会社に所属するミュージシャンの事務所にいきなり出向き、「明日からでも手伝わせてほしい」との想いを伝えました。するとラッキーなことに、無償ですが働かせてもらうことになりました。大学4年の夏のことです。

そのミュージシャンは近藤房之助さんと言います。彼に付いて、ツアーやレコーディングを共にしました。ブルース界のミュージシャンとしてリスペクトされている彼のもとには、セッション、ライブ、レコーディングなどに、これまた最高のミュージシャンが集まってきます。憧れていた日本中のヴォーカリスト、ギタリスト、ベーシスト、ドラマー、ピアニストなどに会うことができました。一匹狼として名を馳せる一流ミュージシャンたちは、下積みが長い玄人《くろうと》で、言ってみれば職人さんです。だからでしょうか、人に気遣いができる素晴らしい方が多かったように思います。そうしたミュージシャンからたくさんのことを学びました。

彼らは、好きなことで生きている。ステージでアドリブ演奏を連発し、互いにいいプレーが出るとアイコンタクトを取りながら微笑み合う。その笑顔は、心の奥からの生きる喜びを表しているように見えて、大げさでなく涙が溢れるのでした。彼らは気分によって好不調もありますが、それを隠さずに正直に表現することもカッコいい。

毎日同じミュージシャンと同じ演奏をするのではなく、日々違うミュージシャンと異なったジャンルで演奏するという一匹狼である彼らは、多様性を受け入れ、互いに触発し合い、出会いと別れを繰り返して自己存在や内面を成長させてゆき、それでいて、媚《こ》びを売ることなくありのままの生き方をしています。好きな音楽をやるために、必然的に英語を身につけ、多様なジャンルの音楽を弾きこなすために、歴史や文化にも精通しています。社会情勢に敏感で、自由に表現することは平和でなければできないと知っていて、時代の風や人の痛みを分かち合う感性を音楽として表現します。そんな彼らから、自由人のカッコよさを肌身をもって感じることができました。

例えば多くの場合、人は英語を身につけるために英会話教室に通います。でも私が出会った英語がペラペラのミュージシャンたちは、英会話教室に通ったわけではありません。音楽を追求すべく海外に出て、必然的に身につけたのです。目的は音楽で、英語は単なる手段。好きなことを追求するとき、それを純粋に追いかければ付随する困難もクリアできるものなのだとわかりました。のちに私が飲食店の夢を追うために料理を学ぶにあたって、料理専門学校などに通うという選択を全く考えなかったのは、ミュージシャンから学んだ知恵だったのかもしれません。

ちなみに近藤房之助さんは下北沢に小さなBARを営んでいます。まだ芽が出ない若いミュージシャンたちの働く場としても役立っていました。近藤さん自らレンガを積んだセルフビルドのお店は、センスよくも堅苦しいところなく、洒落ています。横浜・湘南の近くで青春を過ごした私は、BARで気楽に飲むのが好きでした。彼のように、いつか自分で内装を手掛ける店をやってみたいなぁと、おぼろげながら考えるキッカケにもなりました。

◎「なぜ就職？」を忘れて、普通に就職

1994年4月から、就職第一希望だった大手小売企業で働き始めました。この企業を選んだ理由は五つ。①働く人々が個性的で元気だったこと。②昇進・昇給の主要部分が能力主義であったこと。③年に1回、30日長期休暇が取れること。④小売業は来てくれたお客様に売れればいいこと（通常、営業というものは飛び込みが多く、こちらから出向かねば売上が立たない）。⑤立ち仕事なこと。⑤の立ち仕事だからというのは、私は座り仕事だと、すぐ居眠りしてしまうからです。

特に①から③は私にとって大切な要素でした。就職活動で訪問した企業は20以上あったと思いますが、どこもみんな同じ顔をしていて目が死んでいるように見えました。

要するに個性を抑えなければ勤め人は務まらないのだという印象を持ったのですが、私の選んだ企業は、会う人会う人みんな個性的で、言うことが違いました。

能力主義が強い環境は、自分の力を試すにはいいなぁと、生意気に考えていました。先輩たちはちょっとしたことでも「力あるねぇ〜」と冗談交じりに笑いながら褒めてくれるのが社風で、個性を伸ばして活き活き仕事できる雰囲気を感じました。

長期休暇は、旅が好きな私には非常に魅力的でしたが、もう一つの関心は、1カ月も休んだとき、他の職場メンバーがそれをフォローするわけで、その大胆な仕組みに興味が湧きました。「あなたがいなければ仕事が回らない」という常套句と、「所詮、会社の歯車でしかない」という言葉の狭間《はざま》で、30日休暇はどういう現実を導いているのか興味があったのです。

実はもう一つ、私が忘れていた重要な入社理由がありました。7年後に退社すると き、人事の方が教えてくれて思い出したことでした。その方が新入社員当時の私に「我が社を選んだ理由は何?」と尋ねたそうです。私の答えは、ビックリするような内容でした。

「モノが溢れているこの社会は、何だかオカシイと思います。ファッションの最先端で流行が目まぐるしく変わる小売の最前線でこそ、そのオカシサを自分の目で確認できると思ったからです」

何と生意気な答えでしょうか。そんなふうに言ったことなどすっかり忘れていました。懸命に働く中で、だんだん忘れていったことなのでしょうが、無意識の根底でその問題を持ち続けていたからこそ、今の私がいるのだと思います。

◎スピード出世目指して、走り続ける

その後、私は会社での実績を上げるため、ひいては高い評価を貰うために、懸命に働いていました。もしかしたら、働いているフリだったかもしれませんが、それでも、走り続けていたことは事実です。

都心に近い店の勤務になり、配属売場は希望通り、導入階（店の入り口の階）の婦人雑貨売場になりました。雑貨売場とは通常、店に入ってきたお客様が最初に目にする場所で、店の顔として季節の彩りや流行を打ち出す役割があります。婦人服を買う人も、紳士服を買う人も、靴や鞄を買う人も、家電製品を買う人も、すべてのお客様が通る売場が婦人雑貨なのです。出入り口や外に落ちているゴミなどを拾い、不審者の入店などにも注意を払わねばなりません。「売る」という仕事以外に付随業務が多く、他の売場より大きな役割を持っています。雑貨商品はアイテム数が多く、サングラス、スカーフ、帽子、ベルト、傘、手袋、マフラー、ハンカチ、ストッキング、ソックスなどに加えて、季節イベント商品も扱います。バレンタインにはチョコ、ホワ

イトデーのお菓子、母の日・父の日・敬老の日のギフト、クリスマスギフトなど、一年を通じて忙しさが続くのです。それぞれの値段は、ハンカチやストッキングなど５００円からの低価格帯が多く、販売数量も多くなります。販売数量が多いということは、細かい業務も多くなります。レジ回数、包装数、包装用紙や紙バッグやリボンの調達、ラッピング、商品発注頻度、納品運搬、納品を倉庫にしまうこと、売場への品出し、ディスプレイ変更、売場のレイアウト変更、返品処理、値下げ処理、クレーム対応……毎日追われ、常に小走りに作業をしていたことを思い出します。例えば、売場として１００万円の目標があるなら、スーツ売場なら５万円を20着売れば達成ですが、雑貨売場の場合は、単価が１０００円のモノを１０００種類販売して１００万円に達成することになります。ということは１０００回のレジを打ち、１０００個の商品を品出しし、１０００個の商品を発注し、１０００個の商品を納品し、１０００個の商品を倉庫に片付けなければなりません。お客様の数が多い分だけ掃除も多くなります。その他にも、会議、販売計画などの書類作成、本社本部とのやりとり、取引先との商談、出勤者の休憩スケジュール作成など、一日中息つく暇はなく、常に汗をかきながらスピードと効率を求められていました。

実績評価としての基準は、多岐にわたります。売場での担当アイテム売上額、接客による販売売上額、会社挙げての特別商品の販売件数、会員獲得件数、数字に表せない業務執行能力などです。実績数字は、常に他の社員と比較できるように目立つ場所に表で貼りだされ、競争を煽られます。

私が導入階の雑貨売場を配属希望にしたのは、仕事が忙しい分だけ、お客様と接する回数も増え、実績を上げやすいと考えたからです。それが功を奏してか、特別商品の販売件数や会員獲得件数では常に店で１〜３位に入っていました。特別商品の販売件数とは、例えば４月、夏場に向けてのエアコンキャンペーンが全社を挙げて行われます。目標は社員一人１台の販売。私は雑貨売場ですが、ストッキング１枚買いに来るお客様にも、真面目顔でエアコンをおすすめするのです。「只今、エアコンがお得になっております。ご自宅で夏に向けてご購入の予定はありませんか？　今でしたら、三つの特典がありまして、うんたら、かんたら」と説明し、興味を示されたら最上階の電気売場まで同伴でご案内します。お客様からしたら、何で一緒に電気売場までついてくるのだろうか？　と不思議でしょう。何だか笑ってしまいますが、そうやって販売に繋《つな》げます。買ってもらえれば購入１件です。

ほぼ毎月のように、そうした強化商品があり、エアコンなら十数台、スーツ月間、コート月間、めがね月間など、20〜30件の販売実績を残していました。数字に表れない評価部分でも、売場から離れた後方作業や掃除を率先して遂行し、福祉活動、組合活動、社内イベントなどにおいても中心になって活動していました。「裏方作業で売場にいなくても、実績を上げるなんて、さすがチカラあるねぇ〜」と先輩たちに不思議がられながら、笑顔で言われたものです。こうしたことや上司に恵まれたこともあって、大卒同期の約140人中、最短で昇進試験受験資格を得ることができました。

◉昇ってゆく快感と不安

そのころ、人事異動で地方大型店の雑貨売場に赴任することになりました。入社から3年半後のことです。職責も付き、早い出世に快感を覚えていました。着任早々、売場の問題点を明確にし、改革に取り組み始めました。しかし、なかなか思うように進みません。地域採用で異動がほとんどない部下たちは、長年同じ業務に携わっているので、なかなか自分たちのやり方を変えようとしないのです。

彼らの実績も上げたいのですが、思うようにいかず、自分の実績も思うように上げられない日々が続いてゆきました。時は1997年。バブル崩壊後、会社としても、各店舗としても、各売場としても、前年売上を超えることが難しいマイナス成長時代に入っていました。若くして責任が増えた分、会議などに出ると、店長・副店長に見せしめとして叱責されることも多くなりました。しかしそれでも、会社の期待に応えようともがいていました。

一方、プライベートでは楽しいこともありました。休みの日が重なった社員寮の仲間と、キャッチボールしたり、サッカーしたり、海水浴に行ったり、陶芸体験に行ったり、温泉に行ったり、漁港に寿司を食べにいったり。都心のように遊び場所や飲食店が多くない分、童心に戻ったように体を動かして遊んでいたような気がします。モノがなくても楽しいことはできるという原体験は、この時代だったのかもしれません。通勤時間は、寮から会社までの徒歩５分。高校時代から満員電車で１時間以上かけて通学通勤していた私には、職住一致のありがたさに気付くいい機会にもなりました。遊ぶところが少なく静かであることは、併せて、自分と向き合う時間が増えることにも繋がりました。入社してから走り続けてきた自分を棚卸しするにも、よいことだったのでしょう。

赴任してから１年も経《た》ってくると、問題ばかりだと思っていた職場の部下も、むしろ大好きで愛《いと》おしくなってきました。「郷に入っては郷に従え」という具合に私も地域に馴染《なじ》んできたのでしょう。逆に仕事をガツガツ頑張ることに疑問を感じてきました。そうなると実績もますます芳しくなくなっていきます。何とか挽回したいと思い、モチベーションを上げようとするのですが、テンションは１日と持ちませんでした。会社で駄目になってゆく自分と、もう少し頑張りたい自分との間で葛藤することが日増しに多くなりました。それでも、目標は日々与えられます。自分のモチベーションが、目標売上に全く追いついてゆかなくなり、苦しい日々が続きました。

景気はますます悪くなっていて、私だけでなく周りの社員も、頑張っているフリ、仕事しているフリをするので精一杯でした。異動してくる上司たちは、現場のことを知らず、叱責ばかりで方向性も次々と変わっていきます。業績悪化に伴って、給与体系や組織変更が頻繁に行われるようになり、業績が上げられないとすぐに閑職に回されてゆくシステムが構築されて、昇給が難しくなってきました。書類と会議が増え、売場の人員は減らされ、どうにかこうにか業務を回すことだけで精一杯で、売上に繋げることがますます難しくなるという悪循環です。社員は当然、不平不満が増えてきます。

売上が下落すればするほど、効率化という名のもとで指示系統が縦化されてゆきます。かつては売場に裁量が任されていた範囲まで、店長や本社の方針に従うことがより一層強要されるようになり、独自の個性的なやり方は認められなくなってゆきました。かつて、売上目標をクリアするのであれば、手段は個人に任されている部分が多大にありました。品揃えで売る人、ディスプレイで魅せる人、声を出して売る人、率先垂範で売る人、部下を育てて底上げして売る人……そして、業績だけでなく、裏方作業する人にも目を配り、地味な仕事こそが大切なことも皆、認識していました。私も、そんな個性的な人がたくさんいることに憧れてこの会社に入社し、個性的だが仕事をしっかりする人を尊敬し、彼らに教わり、育ってきたのです。部下の失敗を叱っても、責任は上司が取るのが当然で、私もそれを是として邁進してきました。ところが、そういう先輩や上司たちが冷遇されてゆくようになりました。店長・副店長の指示、もしくは本社の指示に従わねば、目をつけられます。不本意でもその指示通りに従った結果、売上が下がれば、その責任も取らされて閑職に回されます。

そういう社内の雰囲気では必然的に、指示に対してイエスマンになることが生き残りの知恵になってしまいます。間違った指示に反論すれば評価が下がり、遂行しても売上が減れば評価が下がるのでは、結局のところ責任だけを背負わされ、無気力にならざるを得ません。気付くと、責任逃れのために部下のミスを平気で店長や副店長に報告するような人が増えてゆきました。私は、これからどこを目指していけばいいのだろうか？　リスペクトしてきた先輩たちのように進んでも未来はないし、だからといって、個性を抑えてイエスマンになるような仕事にも甘んじられません。会社の中での自分の未来像を描けなくなっていました。

◉会社、辞めればいいんだ

時は20世紀終盤の1999年。昇進試験の1回目は合格を逃し、2回目のチャンスが訪れていましたが勉強に力が入りませんでした。このころの私はうつに近かったかもしれません。大好きだった長期休暇前でも、仕事のプレッシャーで、レジャー計画を立てる余裕もないままに休みに突入してしまうほどでした。プレッシャーとは、売上を伸ばせないこと、店長・副店長や上司の期待に応えるには程遠いこと、それに一歩でも近づこうとしても自分を奮い立たすことができないことなど。要するに、他人からの評価が下がってゆくことに耐えられなかったのだと、今ならわかります。

プライベートでは、仕事の辛さを埋めるように、遊びと酒に明け暮れていました。わいわいと飲むことは昔から好きだったので、頻度が上がっているわけではありませんでしたが、憂さを晴らすための酒が増えていたような気がします。休みの日も頭の中は仕事に占領されていて、やりたいことがやれない。仕事を言い訳にしては、夢を諦めていることに心が痛みました。具体的な夢や将来像があったわけではないのですが、例えば漠然と持っていた、ＢＡＲを営みたい、ギターを練習したい、世界中、日本中を見てみたい、もっと社会のことを知りたい、人の役に立つことがしたいという想いを、すべて仕事のせいにして諦めるようになっていました。

1999年4月に長期休暇がありました。このときも仕事のことで頭が一杯で、遊びの計画を全くできないまま休暇に突入しました。どこかに行きたいけれど、どこに行ったらいいかわからないままに東京駅に立ち、迷いながらもとりあえず大阪に向かいました。しかし、都会から都会に移動しても心は晴れません。大阪駅の路線図を眺めて迷った挙句、紀伊半島へと行くことにしたのでした。その選択は間違っていなかったのでしょう。導かれるような南紀白浜から熊野三山を巡る旅となりました。海、川、滝、山々、棚田、夕陽、温泉、古代ロマン、神々の息づく歴史に囲まれながら、やっと心が安らいできました。川脇に数軒しか宿がない川湯温泉峡で数泊して長居しました。熊野本宮の近くです。流れる清流を横に見る、野趣溢れる露天風呂で、昼も夜もお湯に浸《つ》かって過ごしました。思い悩むことを邪魔するものは何もなく、揺れる木々、風、時折舞い降りる鳥たちだけが私に寄り添ってくれていました。川面から仰ぐ谷間の狭い青空を見つめているとき、ふっと口元から自然に出た言葉がありました。

「会社辞めよう。もう、いいんだよ」

自然と涙が溢れ出しました。会社を辞めれば、すべての悩みが解消するじゃないか。何を怖がっていたのだろうか。もう他人からの評価で生きることから卒業したい。自分で自分を評価できる生き方をしたい。そんなふうに想いが降りてきたのです。その決意の固さに自分がびっくりしたほどでした。

休みを終えて会社に戻ると、一番信頼していた直属の上司に報告して、理解してもらいました。その後、店長・副店長に、昇進試験受験の権利を放棄して他の方に譲る旨を伝えて、辞表を提出しました。退職日は9月11日の30歳の誕生日。人生の大転換日です。

◉豊かさの矛盾——more & more から less & less へ

当時、販売の一環で毎年毎月たくさんのキャンペーン商品をお客様におすすめしていました。4月にはエアコン、5月には春夏スーツ、7月にはサングラス、8月には保険、9月には秋冬スーツ、10月にはコート。成績を早く上げたいがゆえに、社員は先を競ってまずは自分で買います。「我が家にはトイレにもエアコンがあるぞ」「グッチのサングラスが机の引き出しに三つも眠っている」「コートとスーツを置いておくために一部屋使っている」という笑い話を社員同士で交わしていたものです。私もスーツは20着以上、靴は15足以上所有していました。必要のない保険にもたくさん入っていました。

ドライブが大好きだったので、実家にいた時代には親の車を乗り回していましたが、一人暮らしを始めてからは、車以外にも、スクーターバイク、中型バイク、自転車を次々に買い揃えてゆきました。楽器を演奏することにも憧れていたので、弾けもしないのにキーボードと3本のギターを部屋に飾り、太鼓まで揃えていました。インターネットやメールを便利に使い出す仲間が増えてきて、時代に遅れてはなるまいとパソコンを買いましたが、使いこなせないままでした。

こんなにモノを持っていても、購入する前と後の興奮時以外には、満足を得られたことがありませんでした。それどころか、ますますモノが欲しくなります。もっと高機能のモノが欲しくなります。なぜか、遊びに行くことは、イコール、買い物すること。すでにあるモノたちを使うための時間を惜しんで、更に買い物をしているのです。

当時、休日に目標を作っていたこともありました。一日のスケジュールに、パソコンを練習する時間、ギターに触れるための時間、バイクに乗るための時間、自転車で身体を動かす時間、料理にチャレンジする時間など。でもそのほとんどを実行できないままに、昼間は仕事疲れでボケーッとしていて、夜になると、同僚と酒を飲みに出かけました。飲んで騒いでいても、楽しんでいるフリをして誤魔化しているだけで、本当の楽しさとは程遠いことに気付いていました。そうすることでしか心のバランスを保てなかったのでしょう。一日が終わって布団に入り、「あぁ、今日も無駄に過ごしてしまった」と呟いていたのを思い出します。肩書き、収入、所有するモノ、愚痴を言い合う仲間、憂さを晴らす遊びが充分あっても、決して幸せとは言えませんでした。

テレビも、パソコンも、ステレオも、ラジオも、エアコンも、冷蔵庫も、複数台あるという家庭が多いかもしれません。そのモノたちを買うにはお金がいります。お金を得るには働かねばなりません。モノが増えるほど支出も増えるため、収入を上げるべく働く時間も増える。一方、一日は24時間と決まっています。一日の中で働く時間が増えれば増えるほど、買い揃えたモノたちを使う時間はますます減ってゆきます。しかも人は残念ながら、パソコンを打ちながら集中してテレビを楽しめません。テレビを見ながらステレオで素敵な音楽を聴けません。モノが増えるほど、それぞれのモノたちを使う時間もまた減ってゆくのです。家にモノが増えすぎると、大きな住まいに引越しが必要になります。おそらく新居は職場から遠くなるでしょう。通勤時間が増えるとますます家での時間が減ります。家が大きくなっても、各部屋にテレビやエアコンやパソコンがあることで、家族が集まる時間と会話の機会が減るかもしれません。

私が休日をスケジュール化してまで買い揃えたモノたちに費やす時間を作ろうとしたことが当然の矛盾だったのだと気付くのは随分と時を経てからのことでした。あるデータによると、家庭において車を走らせている時間は1カ月に20時間だけだそうです。1カ月のうち、残りの約700時間が駐車場に停まっていることになります。それなのに、年収の4分の1が車の維持費に消えてゆくというデータもあります。だとしたら車を手放せば、総労働時間を4分の1減らすことも可能かもしれません。

そういうことに気付いていたわけではありませんが、退社を決めた日から余分なモノをどんどん処分したり、友人に譲ったりしていきました。収入がなくなるのですから当然のことでした。様々な契約も解約してゆきました。

すると不思議な感覚が湧いてきました。**モノを手放してゆくほど気持ちいいのです。**それまでの自分の身体が様々なコードに繋がれて身動きが取れなかったことに気付きました。契約というコード、支払いというコード、欲求を満たすためのコード、安定した収入というコード、周囲の期待に応えねばならないというコード……。コードの数を増やすことが充足の人生だと信じてきたのに、そのコードから一つ、また一つと、解き放たれるたびに、自分が解放されてゆく。そんな自由さに、どんどん目覚めてゆきました。自由にどこかへ飛んでゆきたいのに、多すぎるほどのコードに繋がれて身動きが取れなくて苦しんでいたのです。

立ち並ぶ電気製品や楽器の谷間に敷いた布団の中で、「ゴーッ」という家電音や3個以上あった時計の「カチッ、カチッ、カチッ」という音が気になって、眠れない夜がよくありました。豊かさの矛盾に気が付かずに悩み続けた20代を終えようとしていました。

◉自分の軌跡から、大きなシステムの崩壊に気付き始める

退職を決めてモノを減らす喜びに気付き始めてから、忘れていたことを思い出してきました。子どものころから不思議に思っていた「モノが溢れていること」や「この世の大きな仕組みは本当に大丈夫なのだろうか」という疑問です。ファッションの最先端にいて、モノを果てしなく売り続けることに邁進して忘れていたことです。心の奥底ではわかっていました。もう、どう頑張っても売上は上がらない。私だけでなく、現場で働くたいていの人は気付いていたと思います。バブル崩壊以降15年間、個々人の購買力が減り、購買層の人口も減ってくる中で、少ないパイを奪い合っているだけなのですから。どこかの会社が売上を上げれば、どこかが下がる。粗利を上げるために、より小さな取引先に無理を強いる。私は小さな取引先が潰れていくのをいくつか目にしてきました。本社からの通達で、ある商品の返品指示が来たとき、自らの売場の生き残りのために、指示通りに返品します。でも、他のお店も含めて全店が返品したら、小さな取引先は返って来た商品に埋もれて破産するかもしれないことくらい、私でもわかりました。それでも会社の中で私が生き残るためにはしかたなかったのです。「それが資本主義の掟《おきて》だ！」「それが商売の掟だ！」「だから、より大きく、強くならなければ生き残れないのだ！」そう言って、加害者の側である自分を正当化

するしかありませんでした。

私は婦人雑貨売場で、毎年徐々に売上が落ちてゆく中にいました。会社全体としても同じように売上は落ちてゆきました。業界全体でも、更に早いスピードで落ちていました。他業界の友人たちと情報交換すると、私の会社と同じようなことがどこでも起きていました。会社が硬直化し、閉塞感が蔓延し、自社へのロイヤリティー（忠誠心）が下がっているというのです。経済成長とか、売上向上とか、もっと頑張るとか、そういうものが個人と社会を向上させてゆくという思い込みが、自分の中で崩れ始めてゆきました。

当時の私は新聞もろくに読まない世間知らずでしたが、そうした無知・無関心がとても怖くなってきました。それまでは業界情報のトピックだけを得ていれば通用していたのです。その他の世界で起こっていることはろくに知りもしないで「まぁ、そういうものだよね」とか「しかたないよね」ですべて片付けていました。

今までのシステムが壊れてきているのであれば、生き残るためにも広い視野を持たねばなりません。それなのに自分は何も知らない。

もっといろいろ知りたい、もっと真実を知りたい、そんなふうに思いが強くなるにつれ、抑えていた想いがふつふつと沸き上がってきました。鍋の中に封印していた

「知りたいこと」「やりたいこと」が、「収入」「出世」「肩書き」といった他人からの評価を気にしながら生きるという上蓋を、とうとう吹き飛ばしてしまったのです。

預金は700万円強ありました。最後に入るボーナスや、わずかな退職金を合わせると、850万円くらいになったと思います。飲んで、遊んで、買って、そんな浪費ののちに残った金をせっせと貯めていましたが、これを元手に世界に目を向けてみようと決めました。

離職を親に相談したら、絶対に反対するでしょう。ですから、退社手続きを済ませたのちに親に報告し、こう言いました。「もう、金のために生きるのをやめるんだ」。案の定、父は呆《あき》れ怒りました。何のために大学まで出したのか。なぜ安定を自ら捨てるのだ。金がなくて、どう生きてゆくんだ。

音楽好きの私は、学生時代から湘南や横浜本牧の小さなBARに通っていました。Tシャツ、ジーンズ姿で、気ままに店を営んでいるマスターに接しては、こんなふうに生きられたら、いいなぁ！　と憧れていました。退社後に目指す方向を、「BAR経営」と定めました。

第3章

月が沈むとき——旅で得た知恵

◎旅と、その目的

退社したら、1年間、旅に出よう。そう決めていました。その目的は三つありました。

■世界を知ること

今までに行ったことのない国内各所や世界各所を訪ねるには、時間がいります。この機会を一生に一度のチャンスと考え、好奇心の赴くままに気になるすべての場所に行ってみようと考えました。観光というよりは放浪の旅。世界で起こっていること、当たり前に知っていなければならないことなど、関心あるものすべてに、視野を広げたかったのです。政治も経済もわからない、パソコンも全く使えない、星の名前や花の名前もわからない、野菜の旬もわからない、米の研《と》ぎ方すらも知らない、新聞も本も読まない……わからないことや知らないことのオンパレード。会社から給料を貰っていたら知らなくても生きてゆけます。でもそれに甘んじていたら、一生無知のままで過ごしていたかもしれません。旅を1年したなら時間はたっぷりありますから、少しずつでも政治、経済、社会に関する知識や、生きてゆくための実践の知恵を付けたいと考えたのでした。

■過去を棚卸しし、未来を見据えること

「会社を辞めたことは、本当に正しい選択だったのか？」。それがクリアにならなければ、次へ歩き出せません。辞めたあとに悩んで何になるのかと思われるかもしれませんが、旅の最初の3カ月は、過去の棚卸しに費やそうと決めました。父が言い放ったように、世間的な「安定」というものを自ら捨てたのです。退社したからといって簡単に割り切れるものではありませんでした。

BARを開きたいという「夢」のためなのか？　辛い現実からのただの「逃げ」だったのか？

正直に言って二つは背中合わせでした。「現実逃避のほうが大きい」と内心でわかっていた私には、自分の心に正直に向き合うことで、ネガティブな側面を浄化し、夢を大きく熟成させていく必要があったのです。

■できることを増やすこと

カネがなければ生きられない恐怖。そこから一歩でも抜け出したかったのですが、勤め人時代には甘んじていて何もできずにいました。旅を機会に、虫や動物への恐怖心を一掃すること、木や土に触れること、火をおこせるようになること、調理するこ

となど、具体的に目標を設定しました。「自然が大好きだ」「環境こそ大切だ」なんて言っていながら、虫が怖い、土に触れないなんて、恥ずかしいことです。将来飲食店を出したい男が、泥つき野菜や肉や魚に触れないとしたら、何ができるのでしょうか。

30歳目前の男が立てるには情けない三つの旅の目的。それをクリアするには「キャンプしかない」と考え、最初の旅先の東北地方巡りのために必要最小限の野営道具を揃えました。

実は、失業手当を貰うための条件で、28日間に1度、横浜のハローワークに行かねばなりませんでした。よって旅を28日周期にして各地を回る計画を立てました。東北地方から始まり、中山道、北陸地方、山陰山陽地方、八重山諸島、沖縄、九州、四国へと道を進める計画。その期間の一時期を、ピースボートというNGOが主催する17カ国を巡る地球一周クルーズにも充てることにしました。

２０００年、20世紀最後の年。退職日は9月11日でしたが、溜まっていた有給休暇を貰うことができたので、8月21日に旅の一歩を踏み出したのでした。

◉夜の森で一人は怖い➡夜の森は一人が愉快

キャンプ道具・調理道具・寝袋などをトランクと後部座席に、パソコン・ギターは助手席に、そうしたチャレンジしたいものすべてを愛車シビックに積み込みました。のちに、警官に幾度となく職務質問されては家出と間違われました。きっとそうとう怪しい車の姿だったことでしょう。そんな大荷物といっしょに不安も期待も積み込んで、旅のスタートの東北地方へと車を走らせました。「さぁ、第二の人生の出発だ」と意気込んでアクセルをふかしたのですが、2時間後、早々にタイヤがパンクするというトラブルに見舞われました。車を停めて「困ったもんだ」と空を仰ぐと、目の前に「パンク修理、承りますᅳ」という看板が！　これは天の救いか、企《たくら》みか？　そんな波乱ずくめの旅が始まったのでした。

宿を取らずに、キャンプできる場所を探して道を進みます。時には海岸でテントを張らずに寝袋だけにくるまって夜空を仰ぎながら過ごすこともありました。何時間も空を眺め、星や星座の名前を覚えたりしていると、生まれて初めての経験に「生」の喜びが満ちてきたものです。

昼はお弁当などを買うのですが、夜は自炊と決めていました。森に入って木を集め、焚き火から始めます。慣れない最初のうちは、火をつけることができません。バーナーや着火材は使わず、マッチからチャレンジするのですが、なかなか木まで着火しません。**火おこしは人間が生きるのに必要な力です。その原始的なことすらもできないのは非常に惨めでした。**たとえ火がついていても、火力が弱くて鍋の水が沸騰せず、ご飯が炊けないことや、パスタが茹《ゆ》で上がらないこともたくさんありました。淋しい想いでゴワゴワのそれを食べるほど虚しいことはありません。自分の生存力のなさに、悲しくなる一方でした。

8月後半のキャンプ場にはチラホラと他の人も泊まっていますが、時を経るに従ってだんだんと人が少なくなってきます。9月にはたいていのキャンプ場はシーズンオフになります。

旅は海辺から山奥へと進んでいました。

東北の山間部は、ただでさえ、人がいません。ある日の夕暮れ、人里離れた山奥のキャンプ場に着きました。平地はなく森の樹々の間にテントを張ります。その晩、宿泊者は私だけ。管理人も夜はいなくなります。彼が帰宅際にこう言いました。「最近、ここのキャンプ場には、熊は出てないから、大丈夫だよ」。言わなくてもいい余計な親切を置いて、彼は山を下りました。太陽が山陰に隠れると辺りは暗くなってきます。焚き木を見つけることすら満足にできず、結局、この晩も火をつけることができませんでした。こうしてまともに夕食にありつけない夜は何回目でしょうか。そのキャンプ場には電灯もありません。真っ暗闇で空腹の中、ケモノ、幽霊、そしてテントに這《は》い回る虫に怯《おび》えながら、眠れない寒い夜を過ごしました。無力な自分を曝《さら》け出すことは、目的の一つ。情けないと落ち込む一方で、再生への道に必要なハードルなのだと思い込むようにしていました。

そんな旅を続けながら、半月もすると状況が変わってきました。ある晩、露天風呂があるキャンプ場に泊まりました。ここも山の中で電灯がありません。私の他には一人だけ宿泊者がいました。森に囲まれた湯船にランプを灯し、本を読んだり、星を眺めたりしながら何時間もお湯に浸かって充実の時間を過ごしました。テントで眠りに落ちる前、随分と恐怖心が消えている自分に気が付きました。このキャンプ場が気に入ったので翌日も泊まることにしましたが、前泊していた方は引き払ったようで、私だけしか宿泊者はいません。管理人もおらず、周辺は数キロ先まで人がいる様子はなく、遥か山の向こうに一つだけ電灯が見える以外、人工の光は見えません。その晩も、湯船にランプを灯して何時間も過ごし、お湯と森と夜空を独り占めにしました。半月前には、森の闇夜に一人でいることが怖かったのに、今、人がいないことに心地よさを覚えている。そのことに嬉しさが込み上げてきました。少しずつ思う自分に近づいていることを実感しました。その晩、満足感に浸りながら、心地よく深い眠りに落ちました。

夕食の自炊も何とかコツを得始めました。味はひどいはずですが、自分で作ると美味しく感じるものです。食べられること自体への感謝、食べものへの感謝が湧いてきたのは、このときが初めてでした。母親が作ってくれていた食事に対して、過去の自分はどれだけ失礼なことをしてきたのだろう。母に「ご飯できたよぉ」と呼ばれても、「今日はいらない」とか「あとで食べる」とか対応していたころのことを思い出しては、申し訳なくて涙が溢れました。温かいものを食べさせたいという愛情を、どれだけ裏切り、がっかりさせたのだろうか。どれだけ落胆させているのだろうか。そんな想いを馳せるまでに至りました。まともに料理と呼べるものは何も作れないままでしたが、「食べる人」「作る人」にとっての大切なスピリットだけは得ることができたのでした。

◎三日月は沈む

東北の旅は、太平洋沿いの海岸線と山間部を行き来しながら北上し、青森からは日本海側へと回り込み、白神山地を経て南下する道程へと移ってゆきました。秋田県に差し掛かるころあいに、黄金崎不老不死温泉があります。日本海に広がる大海原にせり出した野趣溢れる名湯です。波しぶきを浴びながら浸かる湯で、旅の汗を流しました。泥色の湯船から望む、深く、蒼く、広大な空と海。水平線の彼方に見えないユーラシア大陸を想像して、大きなロマンや大自然の雄大さを満喫しました。

湯冷めする間もなく、さらに数キロ南下した海沿いに、テントを張るに素晴らしい芝生の丘を見つけました。9月初めの夏の名残の暖かい海風が、湯上がりの体を抜けてゆきます。あまりの気持ちよさに、先を急ぐのを諦めてテントを張り出したのでした。

その晩、満天の星が輝く夜空の下で、買って来たサンマを網にのせ、ウチワで炭火を煽っていました。ビールを片手に目を細めて煙を除《よ》けながら、焼き具合に見入っていたときのことです。突然、暗い夜が更に暗くなったのです。どうしたことだろうか？　月が雲に隠れたのだろうか？　夜空の月を探すために頭をもたげて目を上下左右に動かしました。

やっとのことで日本海の水平線にそれを見つけた瞬間、想像もしないことが起こっていました。**何と、黄色く照り輝く三日月が海の中へとゆっくり沈んで消えてゆくのです。**ほんの数秒間のことでしょうが、初めて見るその光景に唖然《あぜん》としました。刻々と水平線に沈んでゆく月。三日月の尖《とが》った下のほうから消えてゆきます。それはまるでスローモーションのように進んでいき、とうとう上の尖った部分まで、静かに見えなくなりました。

月が海の下に完全に沈んだあともしばらくの間、時間が止まったような感覚で、私は海の彼方の一点を見続けていたのでした。

３６５日の毎日、太陽に、日の出と日の入りがあることを、誰もが知っています。月も毎日、同じように地上に出ては沈んでいます。「月の出」と「月の入り」。そんな当たり前のことを誰でも知っているはずです。しかし、意識して月の入りを見る人が、どれだけこの世にいるでしょうか？　月が沈むのを、私は生まれて初めて見たのでした。

楽しいことや、感動することには、お金がいる。そんなふうに無意識に認識していました。ディズニーランドに行くにも、映画を見るにも、美味しいディナーコースを堪能するにも、山でご来光を拝むにも、ある程度のお金がいります。でも、目の前で感動した「月の入り」は毎晩繰り返し起こっていることなのに、ほとんどの人が知らないままです。こんなに感動するものが、毎晩目の前にあるのに、それに気付かないまま、「感動」や「楽しさ」を求めて、ぐったり疲れ果てるまで時間を惜しんで金を稼ぐことに夢中でした。ちょっと手を休めて、空を見上げれば、感動に値するお月様は、いつでもそこにいてくれるのに。

私は我に返りました。今まで、走り続けてきた社会人生活は何だったのだろうか？　感動的に生きるために、随分と遠回りをしていたのではないか。過去を振り返って、何だかわからないままに笑いが込み上げてきました。湧き上がってくる嬉しい想いは、真実を体感した喜びでもありました。

目を下ろすと、程よく焼き上がったサンマが無造作に横たわっています。その晩の夕食は何と清々しく美味しかったことでしょう。サンマが喉《のど》を通り、胃の中で消化されてゆくように、「会社を辞めて、本当によかったのか？」という想いも、やっと消化が始まりました。BARを開きたいという「夢」は「逃げ」だったのではなく、確実に進みたい方向へと大きく膨らみ始めたのです。

それから4年後に、私は「たまにはTSUKIでも眺めましょ」という店を出すことになります。幸せを目指して働く現代人に、「本当は目の前に幸せはあるのだから、そんなに働きすぎなくてもいいんじゃない？」というメッセージを込めた店名です。

もしも人が月を眺める程度の時間すらも取り戻せないならば、自分のための時間も、恋人との時間も、家族との時間も取れないでしょう。目の前で困っている人、地域で起こっている問題、国内で起こっている問題、紛争や飢餓で苦しんでいる人たち、地震や津波の被害を受けている人たち、地球環境が悪化していることなど、すべてのことを「しかたないよね」で片付けかねません。かつての私が、まさにそうでした。

私は毎日、料理と酒を通じてたくさんの人を見るのが仕事です。その中でわかってきたのは、「しかたない」で世の中の大きな問題を片付けてしまう人は、たいてい、自分の人生も「しかたない」で片付けているということです。

そういう人にこそ、まずは月を眺める時間を取り戻してほしい。その想いは同時に、かつて猛烈に働いていた自分自身への警鐘でもあります。自分の生き方の主導権を自分でコントロールできなくて、世の中任せ、会社任せ、他人任せで、外部要因に翻弄されて「しかたない」と諦め上手だった過去の自分に後戻りしないために。

サンマを焼きながら見た「月の入り」が、私の人生を軌道修正してくれたのです。そして、のちに開業する店の名が、「たまにはＴＳＵＫＩでも眺めましょ」というヘンテコリンなものになったのも、お月様のお蔭なのです。この長い店名は、いつのまにやら短縮されて、通称「たまＴＳＵＫＩ」と呼ばれています。

◉そして、Tシャツとパンツと靴下だけになった

国内放浪の旅は、冬の3カ月を過ごした〝ピースボート地球一周〟を除いて、翌年6月まで続きました。

旅のスタイルは後半、テントでの野営生活から次の段階に入っていました。車を手放し、キャンプ道具も持たず、荷物一つでの旅へと変化していったのです。山陰山陽、沖縄、九州、四国を巡るにつれ、季節とともに暖かになるので身軽でも大丈夫になります。交通手段は、電車、バス、ヒッチハイク、歩き、馬とマチマチです。場所場所

で、山があれば登り、海があれば泳ぎ、川があればカヌーで下り、気に入った土地には1週間以上滞在するという気ままな旅を続けていました。

いろいろな経験を経ながら、28日間に1度ほどハローワークに行くために横浜の実家に戻っていました。その都度、次の訪問地に備えて荷物をまとめては旅先へと舞い戻ります。行く先の計画を立てて、〝あれもしたい、これもしたい〟〝これが必要かもしれない、あれも必要かもしれない〟と想いが膨らむと、ついつい荷物が多くなってしまいます。ところが旅先で1週間も経つと、ほとんどの荷物を実家に送り返してしまいます。荷物が大きく重いと、身動きが取れないからです。例えば登るに魅力的な山があるとします。天気予報を見たら絶対に雨の確率はゼロ。自分自身の経験からも危険性が少ないと判断したとき、困るのが大荷物です。預かってくれる場所を探し、必要品を選別していると、せっかくの絶好の登山チャンスを逃してしまうかもしれません。徒歩で長距離を移動する場合にも、重い荷物は疲れて億劫になります。歩くペースゆえに見える景色も、荷物の重さで疲れていては台無しです。それなら宿に荷物を預けておけばいいかもしれません。しかし、いい情報が入ってすぐに移動したいと思っても、荷物を置きっぱなしでは行動に躊躇しなければならないでしょう。だから、普段から荷物は少ないほうがいいのです。

肌身離さず持っている唯一のバッグには、上着（雨具の役割も果たすもの）、小さなノート、ペン、色鉛筆、歯ブラシ、手ぬぐい、パンツ1枚、Tシャツ1枚、靴下1足だけしか入っていませんでした。体を洗うときは脱いだパンツを使います。着ていたシャツと靴下も洗います。風呂あがりの体は手ぬぐいを使います。手ぬぐいはバンダナやハンカチやバッグや帽子にも早変わりします。バッグに入っていたTシャツとパンツに着替え、洗ったものを乾かせば、もうそれでOK。一番お気に入りのジーンズと洒落たTシャツ2枚が毎日の服だったので、誰からも不潔には見られませんでした。毎日風呂に入るたびに服を洗っているのですから実際に清潔です。

本やウォークマン（もしくは携帯CDプレーヤー：当時はiPodはありません）も持ち歩きません。宿には、その地域にふさわしい本が置いてあるでしょう。お気に入りの音楽もいりません。旅する地域の伝統音楽や、そこにふさわしい音を聴かねば、旅をしている意味がありません。風の音、木々の揺れる音、川のせせらぎ、波の音、雷の音、雨音、滝の落ちる音、静寂……そうしたものを体感しないで、なぜ都会でも聴ける音楽を耳にあてがわねばならないのでしょうか。カメラも極力持ちませんでした。時間があるのだから、感動を残したいときには下手でもいいから絵や詩をかきました。

海に潜りたいときは、パンツ一丁になりました。誰もいない海では全裸で泳いだこともありました。登った名山も数しれません。石垣島のマーペー山、屋久島の宮之浦岳、九州では開聞岳《かいもんだけ》・霧島～高千穂縦走・九重《くじゅう》連山・由布岳・阿蘇山・祖母山、四国では石鎚《いしづち》山・剣《つるぎ》山などです。しかも、ほとんどで山頂にて快晴でした。間違いなく快晴だという日まで麓で待って、登山したからです。そんな経験から、時間があれば危険を減らすことができることも学びました。

荷物がないからこそ、知恵がたくさん湧きました。荷物がないからこそ、好きなところにすぐに行けました。会社の退職に伴ってモノを減らす喜びを知った私ですが、この旅からも、「もっともっと（more & more）」より「より少なく（less & less）」という生き方こそが自由に繋がることを再確認しました。

◉3カ月で、地球一周

1年の旅の中で、10月後半から1月後半までの寒い時期の3カ月間、ピースボートというＮＧＯ運営の地球一周クルーズに乗ることにしました。海外の一人旅は何度か過去にしているのですが、英語が苦手な私は苦労することも多くありました。船の旅は、寝ている間に勝手に国境を越えてくれて、朝起きれば目的地に着いています。そんな横着な旅ですが、7年間頑張って働いたのだから、ご褒美もいいだろうと考えて乗船を決めました。当時の乗船料金は98万円。船上で飲む酒代や訪問地で使う雑費を含めて、合計140万くらいかかったと思います。

もう一つ乗船の目的がありました。海上移動中の船上では、水先案内人として様々な知識人や活動家や実業家がトークやワークショップを開催します。世の中のことに無知な私には、多くのことを学ぶチャンスだと考えました。作家の灰谷健次郎さん（故人）や、国連大学副学長などを務めた武者小路公秀《きんひで》さんなど、各港で次々と乗船してきては講座を開いていました。

乗客650人を乗せた船は、大きな都市がまるごと動いているようなものです。床屋、クリーニング屋、雑貨屋、居酒屋まであります。食事は三食。夜は毎晩コース料理です。

乗船者は多彩でした。定年退職後の人、離婚の痛手を癒す人、転職を考えるビジネスマン、フリーター、学生、ひきこもりなど、老若男女、多種多様な人々が乗船しています。船内では、乗船者が自発的に企画を作り上げることができます。映画を作る人、新聞を作る人、サッカー大会を開く人、音楽サークルを開催する人、ホスト倶楽部やオカマバーを企画する人、仮装大会を開く人、様々です。詩吟を楽しむ会、手話サークル、アート集団、ダンスチームなどが発足し、文化祭や洋上運動会まで立ち上げて、みんな自発的に楽しみます。いくつものプロジェクトに参加し、自らも様々な企画を立ち上げてしまった私は、生涯で一番忙しくも楽しい毎日を過ごしました。当初は、七つの海を越えながらゆっくり読書でも楽しもうと考えていたのに、持ち込んだ本の10ページすらも読めませんでした。

◉イスラエル・パレスチナの現実を目の当たりに

ピースボートは、ただの観光船ではありません。危険な時期にあったイスラエル・パレスチナにも寄航しました。当時、第二次インティファーダ（イスラエルがパレスチナを軍事占領していることに対するパレスチナ人の民衆蜂起）が始まった直後で、すでに500人以上の死者が出ていました。私はテレビのニュースでこの地域に紛争が起こっていることくらいは知っていたものの、両国の歴史や武装闘争の背景も全く知らないまま、入国しました。当時の私の認識は、「パレスチナがテロでイスラエルの人たちを殺している。イスラエルは報復としてパレスチナに攻撃を加えている」程度のものでした。

ロックダンスチームに参加していた私は、パレスチナの難民キャンプにある小学校で、パフォーマンスを披露する予定でした。エルサレム地区を観光したあと、パレスチナ自治区に入りました。驚いたのは、そのゲートです。両陣営の緊張の中、イスラエル兵の検問が厳しく、大型バスでパレスチナ領内に入ることが許されませんでした。イスラエル側は、外国人に現実を見せたくないようです。しかたなく別案での現地入りを目指すことになりました。検問所から見えない場所でバスを降り、土嚢が積まれて封鎖されている道を徒歩で乗り越えました。すると、走るのがやっとのボロボロの小型バスが何台も私たちを待っていてくれました。凸凹の道で大きく揺れるバス。その窓から見るパレスチナの町並みは、イスラエルの美しく近代化されたそれとはまるで逆でした。舗装道路は穴だらけで、無秩序に立っているコンクリートむき出しの建物たちは、荒《すさ》んでいて哀れに見えます。ミサイルで破壊されたビルの残骸も、ときおり目に飛び込んできます。そんなスラムに住まう人々は、なぜか、笑顔で穏やかに私たちを迎えてくれます。

目的地の小学校に着くと、溢れるほどの人々が集まっていました。スケジュールが押している中でさっそく、私たちは必死に練習してきたダンスパフォーマンスを披露しました。

内容はこうでした。幼馴染みの仲のいい男性2人と女性1人がいます。やがて互いがそれぞれに所属する民族同士で争いが起き、男2人は敵対関係になってしまいました。争いが激化する中、とうとう2人の直接対決が始まりました。幼馴染みの女性はそれを見て、2人の殺し合いを止めようと仲裁に入ったのですが、流れ弾に当たって死んでしまうのです。2人の男は我に返り、彼女の死を機にして、互いに平和へと歩み出します。ひと月以上、毎日朝夕2回、まるで学生時代の部活のようにハードな練習を重ねてきたダンス劇でした。

そのあと、パレスチナの子どもたちがパフォーマンスをしてくれました。内容はこうでした。武器のないパレスチナの大人たちは、イスラエルの戦車や大砲や射撃兵に石を投げて抵抗しますが、圧倒的な武力を前にしては無力も同然で、次々と殺されてゆきます。親や兄弟が目の前で次々と無残に殺されてゆくのです。とうとう座って隠れていた子どもたちが、一人立ち上がり兵士に石を投げます。すると、彼は射撃兵に撃たれて倒れます。次にまた子どもが立ち上がって石を投げては殺されます。こうしてみんないなくなってゆくのです。

これは単なる劇ではなく、パレスチナの小学生にとっての現実の日常だったのです。私は恥ずかしくて穴に入りたくなりました。披露したダンスパフォーマンスは、何と薄っぺらい内容だったろうか。綺麗ごとで「争いはよくない」「戦争はよくない」などと言うには、無知すぎます。どれだけ彼らのことを知っていたのだろうか？　彼らのパフォーマンスは真実なのだろうか？　真実だとしたらマスメディアは本当のことを伝えているのだろうか？　無知・無関心がどれほど恐ろしいことなのか！　帰国したら、ちゃんと学ぼう、調べよう。そう決意しました。

世界中から見捨てられているパレスチナの人たちにとっては、こんな私たちでさえも、事実を見に来てくれるだけで嬉しいことなのでしょう。心からの笑顔で親切に接してくれました。「日本に帰ったらここで実際に見たこと感じたことを、一人でもいいから友人に伝えてほしい」。笑いながら言いました。小さくとも、私には事実を伝える大切な役割ができた、そう思いました。

小学校での交流会は夕方に差し掛かっていました。スケジュールの途中でしたが、私たちは引き揚げることになりました。夜になると散発的な爆撃が始まることがあります。イスラエルのスナイパー（遠方から狙う狙撃手）から狙われることもあります。事実、小学校には、いくつもの弾の跡がありました。そそくさと引き返す私たちの姿は、我ながら気恥ずかしいものでした。彼らは毎日ここで暮らす以外に選択はありません。でも私たちは「弾が飛んでくるかもしれないから」と言って、帰ることを選べます。

船は、ベトナム、フィリピン、インド、エリトリアなど、発展途上国と呼ばれる国々にも寄航しました。そうした国々を見たことや、その後、貧富の差の原因がグローバリゼーションという名の巨大経済システムにあることを知るにつけ、いつかとんでもないことが起こるに違いない、と懸念するようになりました。何かを予感していたのかもしれません。

翌年の2001年9月11日、ニューヨークのツインタワーにジェット機が突入するテロが起こりました。テレビにはその直後、手を挙げて喜ぶパレスチナ市民が映し出されました。何の関係もないパレスチナの人々が、なぜ事件直後に映し出されるのでしょうか？　しかし、アメリカはじめ世界の多くの国々は、アフガニスタンへの攻撃もイラクへの攻撃も、9・11テロへの報復という事柄を名目の拠り所にしています。日本も戦争に賛成して、自衛隊を派遣しました。私はかつてのように、そうしたことを「しかたない」では片付けられないのです。

◉運命の出会い

ピースボートの旅で、世界で起こっている様々な問題を知るにつれ、帰国したら、自分自身でも調べたいことがたくさん溢れてきました。それにしても、地球の温暖化も、貧困問題も、武力紛争も、あまりにも大きすぎる問題です。知れば知るほど、無力感に苛《さいな》まれます。

船には、〝水先案内人〟として様々な知識人や活動家がトークやワークショップを開催するために乗船してきます。ある時、その一人として、田中優さんが乗船してきました。日本で最初のNPOバンクを立ち上げたのが田中優さんです。NPOバンクとは、環境や福祉などに関心がある市民が出資金を集めて、地域に密着した市民事業に融資し、地域でお金を循環させることを目指す、市民による市民のための非営利バンクです。私のお金を郵便局や大手銀行に預けた場合、そのお金は私の知らぬ間に環境破壊型事業に投資されたり、途上国の貧困に拍車をかけるプロジェクトに投資されたり、軍需産業に投資されたり、戦争している国の国債を買うことに使われたり、不祥事を起こしている企業に融資されることだってあります。こうしたお金の流れを変えるべく、環境保全、貧困や差別の解消、地域密着事業、残すべき伝統的産業、自然エネルギー促進事業、持続可能な農業・漁業・林業などに、お金を循環させようという試みです。今、各地でNPOバンクが立ち上がっています。世界的音楽家の坂本龍一さん、ミスターチルドレンの桜井和寿さん、音楽プロデューサーの小林武史さんの3人が共同出資で立ち上げた「ap bank」が有名です。彼らも、田中優さんのアドヴァイスのもと、社会を変革したいという想いで銀行を創ったのでした。

優さんが短い乗船期間で展開してくれたトークやワークショップの中に、「アウトプット」をテーマにしたものがありました。正しい情報を選択して自分の頭で考え、そうして得た知識や知恵を人に伝えることが重要であると語り、様々な方法を伝授してくれました。優さんは言いました。「インプットした情報をアウトプットしないなら、何の意味もない。それはただの自己満足で終わってしまう。糞詰まりみたいなものだ。それなら知らないほうがマシだよ。もう、これからの時代に評論家はいらないんだ」

それを聞いて私は、何だか未来が明るく開けたように感じました。「よし、いけるぞ」とも思いました。

ＢＡＲを開きたいという夢に、アウトプットを加味しよう。過去の自分の経験のすべてをベースにしながら、様々な社会問題に解決方法があることを自分の言葉で具体的に伝えてゆこう。今の暗い社会でも、俺たちは幸せになれるし、環境をよくしていけるし、戦争だっていつかなくせるかもしれない。解決方法はすでにあるのだから。あとは俺たちが未来を選ぶだけなんだ。俺は微力でもいいから、未来をいい方向に変える側の一人になろう。

そう思えた瞬間、知ること、学ぶことが、いっそう楽しくなりました。ＢＡＲのオヤジが社会を変える一人になれるなんて、カッコいいじゃないですか。変革を目指すといっても、世界市民の中の一人として役割を果たすだけなら、気張る必要もありません。ボランティアでもなく、余暇を利用しての啓蒙活動でもなく、生業を通じて少々の利益を頂きながら、社会も変えてゆける。そんな近未来の青写真を描けたのです。

◉突然、降りてきた想い

ピースボートの地球一周を終えて、2月から国内の旅の続きに戻りました。日本最西端の与那国《よなぐに》島から、波照間《はてるま》島、西表《いりおもて》島、竹富島、石垣島、宮古島、慶良間《けらま》諸島、沖縄本島……そして屋久《やく》島を経て、九州に入りました。鹿児島県薩摩半島の南端に位置する標高924mの開聞岳は、日本百名山の一つ。海に面してそびえる円錐形の山容は、別名薩摩富士とも呼ばれるほどに美しい形を誇っています。その開聞岳の山頂から下山して、麓の桜並木の急坂をゆっくり歩き下りました。道の両側に規則正しく並ぶ満開の桜たちが、登山疲れの足と心を清々しい気分に癒してくれます。ふと何気なく立ち止まって振り返ると、開聞岳の頂が左右の桜の樹に挟まれていて、白ピンクの花びらがゆらりゆらりと目の前に降り注いでいました。その美しさに我を忘れていたときです。頭のてっぺんから足先へ、汚れた何かがスーッと抜け出てゆく感覚を覚えました。そして同時に、空っぽになった身体に新しい想いがまたもや頭からスーッとダウンロードされてくるのです。ダウンロードされたそれは、単純なものでした。

もう頑張らなくていい。もう無理しなくていい。もう嫌なことをしなくていい。もう親の期待に応えなくていい。もう雇われなくていい。もう評価されなくていい。も

う急がなくていい。もう大きくならなくていい。もう儲けなくていい、もう効率化しなくていい。もう経済成長しなくていい。そして、たくさん悩んだっていい。悩みを楽しめばいい。

今まで常識と考えてきたことを逆説的にとらえればいいんだ。そんな単純明快な答えが、身体の中に突然舞い降りてきたのです。なぜ、開聞岳を下山したときに、そんな想いが降りてきたのか未だにわかりません。何の根拠もなく舞い降りてきた感覚でした。

のちになってですが、私がそのときに思ったような考えを実践する人にどんどん出会ってゆきます。逆説的な考え方を説く活動家、逆説的なビジネスをする人、逆説的な料理をする人、逆説的な農法をする人……。そういう人たちは、私が大好きになるような素敵なキャラクターの方ばかりです。そして、そんな考え方や実践は、今、少しずつ社会で知られるようになってきました。

「世界を知る」「過去を棚卸しし、未来を見据える」「できることを増やす」という旅の三つの目的は、こうして一つひとつクリアされてゆきました。旅の後半は、ただ気の向くままに身をゆだねるようなリラックスしたものになってゆきました。しかしそれも過ぎると、行ったことのない各地を巡ることだけが目的になってきて、9カ月目に入った2001年5月くらいからはだんだん惰性になってきました。はやく仕事がしたくて身体がウズウズし始めてきたのです。人は常として、誰かの役に立ちたいものです。何も生み出さないで自分の内側だけを見つめて流浪する日々に飽きてきたのかもしれません。それは、過去の自分をリセットできた証《あかし》でもあります。新しい生き方のスタートラインに立つことが、凄く楽しみになってきたのでした。

第４章

たった６坪の呑み屋

――「たまにはＴＳＵＫＩでも眺めましょ」開店

◉都会から降りる

惰性になりつつあった旅を2カ月早く切り上げて、夏の盛りの2001年7月末に北陸の金沢に引っ越しました。それは退社する前から決めていたことでした。金沢に行った理由は二つ。

・一人だけ友人がいたから
・東京を離れたかったから

友人T君は大学の同級生でした。卒業後、地元金沢の優良企業に就職しましたが、3年で退職して飲食業に転向し、店を営んでいました。彼に「1年後に金沢に住まうから飲食の〝いろは〟を教えてほしい」とお願いしていたのです。目玉焼きしか焼いたことがなく、米の研ぎ方すらも知らなかった私には、彼は頼もしい存在です。しかし、友人であるがゆえに甘えも出ることでしょうから、基本技術は彼の店で教わりつつも、フリーターという形で他の店でも働いて、料理を習得しようと考えていました。金沢にはT君しか友人がいないというのが重要でもありました。たくさん友がいたら、根性のない私だと料理習得をそっちのけで遊んでしまうかもしれないと危惧したからです。

東京を離れたかった理由は、自分のプライドを捨てるためです。生活を繋ぐためにはティッシュ配りや引越しのアルバイトもすすんでする覚悟でしたが、その姿を友人や元会社の同僚に見られるのは避けたいという変なプライドが邪魔をしかねません。知らない土地ならば人目を気にすることなく、どんな仕事にも堂々と就くことができると考えたからです。

金沢での生活は、大都会より少しだけ不便でしたが、それは電車やバスの本数が少ないということくらいでしょう。それらを待つ時間はかつてならイライラしていたでしょうが、そのころには時間を楽しめる心のゆとりが育っていました。待つ時間は厄介なものでなく、もの思いにふける貴重な機会だという思考になっていたのです。

大好きなミュージシャンのライブに行く回数は減りましたが、その代わりに他の見識が広がりました。都会では毎日どこかで凄いミュージシャンが演奏しているし、講演会や展示会だってたくさん開催されています。イベントがありすぎるゆえに選ぶ悩みを放棄して、ついつい好きなものだけを見る傾向になります。地方都市では、大都会ほどミュージシャンやアーティストや芸術作品を見る機会がありません。すると不思議なことに、今までは毛嫌いして見ようとも思わなかったアーティストや作品を、「これはなかなかないチャンスだから見に行こう」と思うようになります。その結果、見識が広がるのです。そんな具合に暮らしていくうちに、多少は不便もいいもんだなぁ、地方に住むと時間がたっぷりあるなぁ、と実感するようになりました。むしろ、モノが溢れる豊かさの大都会より、時間や心の豊かさを得られる地方のほうが素敵だと、心から思うようになりました。会社員時代に地方に住んだ経験もありますが、それは自分の意思でなく、会社都合です。自分の選択で地方に来ているからこそ、実感の深みがあったのだと思います。

◉飲食店として「したくないこと」を学ぶ

友人T君の店で働くことをベースにしながら、他の飲食店のバイトを次々と掛け持ちしてゆきました。金沢在住の2年半に、四つの飲食店を掛け持ちしました。その他にも生計を立てるために、引越し、宅配便配達、イベントスタッフなどのハードなバイトもしました。好奇心の赴くままに、CMやテレビドラマにエキストラとして出演したり、手話サークルに入ったり、フットサルをしたり、トライアスロンに出場したり、北陸探索や小さな旅にも頻繁に出かけました。はたまた、ネットワークビジネスに足を踏み入れかけてしまう失敗もありました。間違ってもいいからやりたいことは躊躇せずにチャレンジする。会社員時代とはまるで逆の行動パターンになりました。寡黙に料理を習得しようと覚悟を決めていたのに、遊び仲間を作り、好きなことをしてしまいます。**でも、会社員時代のように悩むことはほとんどありませんでした。**べクトルが夢のほうへ向かってさえいれば、遠回りしてもいいという緩やかな考えでいました。何かを我慢して、憂さを晴らすために遊んでいた過去とは違います。楽しんでいるフリや、仕事しているフリはもう、不必要でした。

最小限の料理技術を得てから、全国チェーンの大型店舗の居酒屋や、多店舗化している高級和風創作料理の大型店舗でバイトしました。そこではたくさんの料理技術やメニューを教わりましたが、一方で、嫌なこと、したくないことも、たくさん学ばせてもらいました。過酷な労働条件、いじめ、暴力、料理システムなど、料理業界の現実を垣間見たのです。

厨房では、昼のランチから夜の料理まですべてをさばくために、朝から夜の11時くらいまで働き続けるのが当たり前です。ランチが混んで、夜も予約が多ければ、休み時間が1分もない場合もあります。そんなときは、立ったままオニギリやうどんを食べられればマシなほうです。床は硬いコンクリートのために、帰り際には足も腰も棒になり、頭も朦朧《もうろう》状態です。これでは体を壊して当たり前。本当に美味しい料理は、そういう労働状態から作れるのでしょうか？

たまTSUKIの厨房床はコンクリートではありません。体を大切にするためです。床がコンクリートなら、料理から出るゴミや水分を床にぶちまけても、ブラシでこすり、汚れを排水溝に流せて便利です。しかし、床が板だとゴミや水分をこぼすことは厄介なので、ゆっくり慎重に調理します。お客様にとってはスローな料理提供で申し訳ないのですが、丁寧に作業していれば、クレームはほとんどありません。開店当初からランチ営業をしないと決めたのも、飲食業界の長時間労働による体力的過酷さを、尋常でないと思ったからです。

店長や料理長たちは、仕込みや注文に追われると、イライラしてきます。怒鳴り声、モノを投げる、蹴る、要領の悪い奴をいじめる。見ていて愉快なものではありません。私がそうした被害に遭うことは滅多にありませんでした。自分の料理の無知を隠さず、要領は悪いのですが飄々《ひょうひょう》と働いている。そんな30歳過ぎの男を、社員たちは扱いづらかったことでしょう。私は私で、料理を学ぶことだけが目的ですから、媚を売ることも不必要、機嫌をうかがうことも不必要、一生懸命頑張るフリも不必要です。しかし度が過ぎる理不尽があるときは弱者の側に立って、強者に異議を申し立てました。物議が収まったあとは、未練なくそのバイトを辞めて、他の飲食店へと移っていきました。

店を営むようになった今、どんなに注文に追われて焦っても、イライラすることはありません。テンパってしまったときは、深呼吸。途中の作業を放り出して、おもむろに冷蔵庫からビールを取り出して栓を開け、ゴクゴクッと飲み干します。顔をしかめて「あぁ～うまい、幸せ！」。すると落ち着いて、判断力を取り戻せるのです。注文を待つお客様も、そんな私を笑いながら温かく見守ってくれます。忍耐力のあるお客様は、まさに、神様です。

予約で満席のとき入ってくれるアルバイトさんにも、怒鳴ったり、当たったりはしません。仮に要領が悪くても、私がお願いしたのだから責任は私にあると思うと、怒らずに済みます。怒ることで、自分の体にも負担がかかります。特にそうした怒りのストレスは、胃に大きな負担となり、病の元となることも知られてきました。人のためにではなく自分のためにも、怒りは持たないようにしています。

料理についても「したくないこと」をたくさん学びました。

例えば多店舗展開している大型飲食店では、たいてい大根の皮や葉っぱや根っこなどを捨てます。それだけで大きなゴミ箱がいっぱいになるほどです。盛り付けが少し失敗しただけでも捨てます。それらをマカナイで食べればいいのに、捨てます。理由は、使わない部分を料理にするほど時間も余裕もない（もしかしたら技術もない）ためかもしれません。アルバイトが故意に失敗料理を作ってマカナイに回そうとすることを防ぐためかもしれません。そうだとしたら、全くナンセンスです。お百姓さんと、食材自体に、失礼極まりません。社会的側面、環境的側面で考えても、水分が多い野菜などの生ゴミは、焼却炉に大きな負担をかけてエネルギーを無駄に使います。それは水を燃やすのと同じようなことですから、大量の火力が必要になってしまうのです。そんなふうにいろいろ考えると、使われない野菜たちを捨てることに、随分心が痛みました。

のちにこの問題意識から、私はマクロビオティック料理や無農薬・無化学肥料の野菜志向に向かっていきます。理由は、食材のすべてを使いきり、ゴミを最小限に抑えられるからです。

味噌汁にも、疑問が湧くようになりました。大きな飲食店での味噌汁の準備は、私にとっては不可解なものに感じられました。ここで一般的な大型飲食店での味噌汁レシピをお伝えしましょう。気に入りましたら、ご自宅でお試しください。

まず、具にふさわしい野菜をそれぞれ煮込みます。例えば、一つの鍋でニンジンを煮て、別の鍋で大根を煮ます。火が通った具材たち(A)は、種類別にタッパーに入れて冷蔵庫に保管してください。鍋に残っているエキスのしみ出た煮汁は必要ありませんので、捨てましょう。捨てた汁の代わりに、大きな鍋に水を入れ、ダシを取るのではなく、化学調味料を入れて火にかけます。沸騰したら味噌を溶き、できた汁

（B）は保温しておきましょう。そこに具材は一切入れなくて構いません。注文時に素早く出す工夫として、大量に並べたお椀の中に、タッパーに保管していた具材（A）を少しずつ入れておきます。傷まないように冷蔵庫で保管するのがベストです。お客様への提供時には、注文人数分のお椀を出し、大きな鍋で保温しておいた汁（B）を注ぎます。

「スピード」「作業量」「コスト」の効率を求めたなら、この方法にたどり着くでしょう。大量のお客様に素早く安く提供するには、非常にいいシステムです。

「美味しさ」「健康」「安心」「もったいない」を軸に考えて、この方法ができない料理人や飲食店は、非効率と言われるかもしれません。

しかし、私は後者を選択します。具材の煮汁にこそ素材の旨《うま》みが入っているのに、それを捨て、代わりに化学調味料で旨みを付けて味噌を溶いただけの液体を、旨みの抜け出た冷たい具材に注ぐ。そうした効率性を私は選択できません。家庭において前者の方法で味噌汁を作る人を、私は知りません。将来開く店では、家庭のような温かみのある料理を提供したい。私はそう思うようになりました。

食の業界では、飲食店向け加工食品がたくさん流通しています。セントラルキッチン（工場）で料理を作って、各店舗に配送する大型チェーン店がほとんどかもしれません。各店の厨房では電子レンジでチンするだけ。あるチェーン店では厨房に包丁すらもないという場合があるそうです。私の店にも、加工食品の取引を促すパンフレットや分厚いカタログがたくさん届きます。横着な私には、包丁も使わずに「チン」だけで作れる料理は魅力的ですが、横着も度を過ぎて、業者に連絡するのも億劫。困ったものです。

◉飲食店として「したいこと」を学ぶ

同級生T君の店での2年半の経験が、たまTSUKIのベースになっているといっても過言ではありません。彼は大学卒業後、地元金沢の優良企業に就職しましたが、3年で退職して自分の店を営んでいたということは、前に説明しました。BARの開業を夢見る私は、躊躇なく、彼のもとに行くという選択をしました。金沢在住の間、彼の店での仕事と並行してアルバイト勤務した他の飲食店では、「したくないこと」を多く得ました。一方、**T君の小さなお店では、多くの「したいこと」を学びました。**

T君は夜しか営業しないスタイルを貫いていました。彼は会社員時代に人の分まで頑張りすぎてしまう傾向があって、休日を返上し、朝から夜中まで働くことが多かったようです。そうした傾向を封印すべく、彼は独立を機に、**収入と労働時間に上限を**

設けているようでした。時に確実に売上が取れる条件を提示されても、むやみに飛びつかず、「いいんだ、今の収入で何の不自由もないのだから」と自分に言い聞かせていました。

35人くらい入れるお店でしたので、常時アルバイトさんが2〜3人いました。私以外は、地元大学生です。T君は時に、要領がよくないアルバイトさんの指導に悩んでいました。でも同時に、彼はこうも言いました。「外で働いて雇われ店長をしていた時代は、仕事のできない奴を容赦なく怒り、辞めさせることもあった。店を任されている以上、効率と利益を上げなければいけないから、それは当然のことだったんだ。だけど今は自分の店。自分が雇ったアルバイトさん。要領が悪いからといって彼にイライラして怒鳴るより、こんなチッポケな店に働きに来てくれているのだから感謝しなきゃ、と思えるんだ。俺の店だから、雇ったアルバイトさんの短所を受け入れるのも俺の責任。上司も社長もいないから、誰にも文句は言われないしね」

働きに行っていた他の飲食店の店長や料理長たちが怒鳴ったり機嫌が悪くなるのと、T君はまるで逆です。それは考え方や器の大きさの違いによるものかもしれませんが、他の理由として、「雇われているか、それとも、自営か」「大きい店か、それとも、小さい店か」の違いもあったでしょう。

T君が作る料理はとっても美味しかったので、「秘訣は何かな？」と聞いたことがあります。彼は一言、「美味しくなれって、祈っているからねぇ」。祈りが通じた料理のお蔭なのか、店はなかなか繁盛していました。立地は決してよくありません。バスが走るのみの静かな住宅街です。そんな場所ですから通行人は全くいません。お客様は遠くから車で来店する方ばかりです。マーケティング的に考えたら、絶対繁盛しない条件が揃っているにもかかわらず、お客様は来ます。いい商売をすれば立地やマーケティングで悩む必要はない。そんな根拠のない自信が私の中に芽生えました。

T君の店が繁盛していた理由は、味以外にもいろいろありました。

一つは**靴を脱いで店に入ってもらうこと**。人は素足になると我が家でくつろぐような気分になるのでしょうか、お客様はなかなか帰りません。飲食店ビジネスにおいて〝お客様の回転率を上げる〟ことは売上向上に欠かせないことですが、T君はそれよりもお客様にくつろいでもらうことのほうを優先していました。他の飲食店では予約のお客様に〝2時間まで〟という設定を設けたりするものですが、彼はそうした条件も出さずに、好きなだけゆっくりしてもらうことを大切にしていました。こうした選択は、売上機会損失になります。仮に2時間で区切ればお客様の回転率や入店人数を高めて売上向上になります。しかし、そうはせず、他のお客様からの予約をお断りすることもしばしばありました。〝売上〟か〝ポリシー〟か、非常に勇気がいる選択です。

お客様のおもてなしも巧みです。マニュアル的な接客はなく、人として、商売として、当たり前のことを当たり前にしているだけですが、お客様との自由なコミュニケーションを楽しんでいました。基本はお客様の話を聞くことに専念するのですが、自分の意見もしっかり発します。「呑み屋はカウンセリングの場所である」という言葉を聞いたことがあります。日本中の小さな呑み屋において、オヤジやママとのカウンター越しの会話が、どれだけの人を救っているでしょうか。**これは立派な社会貢献的ビジネスだと、次第に考えるようになりました。**

お客様が精算を済ませて帰るとき、**T君はどんなに忙しくても作業を中断して出口まで行きます。**そして最後の会話を交わし、「ありがとうございました」を伝えます。たいていのお客様も、彼に目を合わせて「ありがとう」を笑顔で言い返し、名残惜しそうに外へ出ます。お客様の後ろ姿が見えなくなったあとも数秒間、彼は見送りを続けます。振り返ってこちらを見る場合や、忘れ物に気付いて返ってくることを想定しているのでしょう。彼の自然体での心遣いです。私は会社員時代に、マニュアルとしてのお客様のお見送り方法を習得していました。例えば、〝お客様が売場を去るまで頭を下げ続ける〟〝90度腰を曲げながら、大きな声で「アリガトウゴザイマシタ」という〞などなど。それは、〝心を込めること〞すらもマニュアル化されたものでした。決められたルールだから感謝を表す行動をしているだけです。お客様が買い物をしてくれるからこそ給料を頂ける、ということは理屈ではわかっています。でも、実はお客様に頭を下げているのではなく、会社のルールだから頭を下げている、という自分があることにも気付きます。お客様を見ているのでなく、会社を見ているのです。大きな会社になればなるほど、そうした傾向が強くなるに違いありません。

T君から得たたくさんのビジネススタイル。それは小さい店だからこそできることかもしれません。2年半の間、彼と一緒に仕事させてもらったことに、本当に感謝しています。

同級生に感謝の意を表すのは気恥ずかしいものですが、心より、「ありがとう」。

◉〝しかたない〞を卒業する

金沢に赴いてからしばらくして、9・11同時多発テロのニュースが飛び込んできました。とうとう、来てしまったか……そう思いました。世の中はあれよあれよと対テロ戦争を正当化する方向へ流れてゆき、アフガニスタンへの攻撃が始まってしまいました。かつて私は阪神・淡路大震災のときに、〝会社を休むことはできないから、しかたない〟と言い訳をして、何もせず、それがずっとトラウマになっていました。

2002年の末、イラクへの攻撃が秒読み段階に入っていました。犠牲者になるのは、きっと普通に暮らす人々です。普通の生活者が殺されることを絶対に許せませんでした。かつてのように〝しかたない〟といって見過ごす選択は、もう私にはありませんでした。

当時慣れないインターネットで、同じ想いを持ってアクションを起こしている人たちを懸命に探しました。そしてやっとのことで、東京でピースウォークをしている人たちを見つけました。水着姿やレオタード姿や可愛いキャラクターの着ぐるみで歩く人たち。太鼓を叩きながら、楽器を奏でながら、歩く人たち。子どもと手をつなぎながら歩く家族。20代が中心に動いているようだけど、お父さんやお母さん、学生、サラリーマンなど普通の人たちが、考え方や組織を乗り越えて、「戦争はNO！」という想いだけで自然発生的に集まり、都心を数百人で歩いているようでした。中心で動いている人の連絡先を探し、「北陸地方で活動している人がいたら、教えてください」と電話しました。

こうして自分の考えから行動を始めたことで、魅力的な方々との出会いも始まってゆきました。私が思う魅力的な方々とは、世界で起こっている様々な問題に対して、微力でもいいから行動している人のこと。言い訳しない生き方ゆえに、明るく、笑いが絶えず、暮らし方がかっこいい。尊敬していたジャーナリストやアクティビストやアーティストとも、フェアな関係性の中で次々と知り合えることにも驚きました。そうした出会いが楽しすぎて、社会に働きかける様々なアクションにも積極的に参加するようになってゆきました。メーリングリストや情報交換の場で様々な問題や真実を知り、解決方法を模索し、行動に繋げてゆく。微力でも行動することを覚えた私は、仮に戦争が止められなくても、環境破壊を止められなくても、社会を変革できなくても、自分を誤魔化さずに行動することが生きる自信と誇りに繋がることを知りました。世の中の大きなシステムにぶら下がっていた私が、世の中の大きなシステムを変える側の一人に移行してゆく実感。「しかたない」からの卒業です。

金沢で出会った方々とのご縁が、私を言い訳しない生き方へと導いてくれました。

◉災い転じて、キッカケできる

金沢に住むようになって2年半を経た2004年。何となく、金沢生活を卒業して次のステップに進みたいような気分になっていました。出会い、学び、気付きの密度が濃かった分、自立に向かう行動への想いが早まったのかもしれません。夢の途中なのに、留《とど》まって安住しつつあることが居心地悪かったのです。そんなムズムズを抱え始めたとき、高校時代の友人S君が、シンガポールでBARを開店するから手伝ってほしいと誘ってくれました。

ちょうどそのころ、父が経営していた住宅事業が危機に陥っていました。不景気にあっても堅実経営で本業ではしっかり利益を出していたのですが、系列会社の株運用が大きな穴を開けたようです。共に過ごしてきた従業員の皆さんや契約していた職人さんたちを路頭に迷わせるわけにはいかないという想いで父は奔走し、全従業員の雇用と関係各社の取引形態をそのまま引き継いでもらえる条件を貫いて、大手住宅産業に会社を引き取ってもらいました。こうした行動を選んで実行した父を私はリスペクトし、誇りに思っています。

しかし、父と母の名義の土地はすべて抵当に取られ、年金まで銀行に押さえられる始末。実質的にホームレス。そんな中、両親の住まいだけは取り戻さねばと兄妹と私で有り金を融通し、祖母や叔父たちの協力もあり、何とか実家だけは取り戻せました。大学卒業以降は金銭的に親から自立して生きてきたつもりですが、それでも私を大学まで卒業させてくれた教育費は大きかったに違いありません。少しだけ恩返しができたという想いもありました。一方、将来実家を継ぐという選択肢がなくなったことに正直安堵《あんど》して、自分の好きなように生きる条件が整ったような気もしました。父のビジネスを継がない負い目が心のどこかにあったのだと思います。当然、実家に戻れば飢え死にはしないという逃げ道や安心感も絶たれたのですが、むしろ崖っぷちに立つ心地よさも感じていました。

この実家の災いが、シンガポールにゆく決心を促してくれました。楽しい金沢生活の安住に流れつつある自分に、夢へのステップを踏ませてくれる機会が自ずと現れたのです。金沢を離れる決心をしたときの持ち金は550万円。うち500万円を実家奪還のために提供し、50万円のみを持って日本を発ちました。

せっかく意気込んで海外生活を始めたのですが、シンガポールでの飲食店立上げは上手くいきませんでした。友人S君と相談し、3カ月で見切りをつけ、帰国の準備を始めました。まるで「火曜サスペンス劇場」並みのドロドロ劇を演じたシンガポール店舗経営ストーリーは、今思い起こせば楽しい思い出です。現地で立上げを手伝ってくれた在住華僑《かきょう》のパートナーと信頼関係が築けずに、おぞましいほどの肚《はら》の探り合いを繰り広げたのでした。結論の出ない口論の末に、彼を運河のふちまで追い迫り、川に落とす勢いで脅すほどのこともしてしまいました。

他人との協働の難しさと一連の失敗を経たことで、「もう、自分の店を自分の責任で出そう」という決意に至りました。結果として私に自立を促すキッカケを作ってくれたS君に感謝です。たまに彼と会っては、当時のドタバタ劇を思い出して大笑いしています。

独立への準備は、シンガポールからインターネットで日本の飲食店不動産物件を探すところから始めました。候補地をいくつかに絞りました。海が好きなので、実家から近い葉山・逗子・鎌倉・江ノ島・茅ヶ崎あたりの湘南地域を一つの候補にしました。もう一つの候補は、東京のいくつかの主要駅から徒歩10分強の地域にしました。具体的には、渋谷駅・新宿駅・池袋駅から程よい距離の静かな場所。理由は、東京の主要駅なら日本中の人が商圏に入るだろうという大雑把な考えからです。そうは言っても、駅付近で人だらけのネオン街では精神的に疲れ果ててしまいそうです。歩いて10分以上離れた場所なら静かなポイントもあるだろうし、目的のお客様は立地に関係なく来てくれるという希望的観測を持っていました。持ち金は40万円だけでしたから、出店資金を抑えるために、一人で営める小ささと、自ら内装を手掛けられるという二つの条件で探し続けました。

２００４年の７月初旬に帰国し、猛暑の中で１カ月半、候補地を歩き回り、やっと池袋で条件に合う物件に出会ったのでした。当初は、市場リサーチをしようと考えていました。店の前の時間別通行人数、商圏内の人口構成、地域内の競合飲食店の有無、近くの商店街の様子、物価、などなど。でも、暑かったからでしょうか？　努力ができない性格だからでしょうか？　直感で決めてしまいました。それから店の近くに住まいも借りました。店の家賃が12・7万円、住まいの家賃が7万円。足して20万円を払っていけるのか不安も募りましたが、勢いに任せて開店準備を始めました。9月に契約し、2カ月で準備し、11月に開店するというスケジュールにしました。

◉たまにはTSUKIでも眺めましょ

物件探しの最中、両親に提供した500万円のうち、400万円が戻ってきました。子どもたちが提供してくれたお金を、何とか返したいという親の意地と優しさだったのでしょう。私は返却を想像もしていなかったので、両親に感謝し、国民金融公庫から借りようとしていた資金計画を取りやめました。幸運にも、無借金で店を始められる条件が揃いました。

契約前の8月末の時点で持ち金は440万円。店契約の敷金礼金に135万円、開店までの2カ月の準備期間も家賃が発生するので25万円、住まいの敷金礼金や開店までの2カ月の生活費で60万円、開店準備のためにかかったコストは130万円。10月28日の開店日には残金は90万円まで目減りしていました。

内外装のセルフビルドは実に充実した経験になりました。店の各所の寸法を測り、頭の中に設計図を描き、必要な大工道具を揃え、ふさわしい木材を調達し、切ったり削ったりし、ふさわしい色を想像し、実際にペンキで塗り、釘やネジで立体に作り上げてゆく。床の張り方がわからなければ大工さんに聞き、壁の施工がわからなければ詳しい友人を訪ね、扉やガラス窓の施工がわからなければ建具屋を訪ねて観察し、お手本がなければ自分の頭で考え抜いて工夫を生み出す。この経験は、「手間隙《てまひま》かける」ことの楽しさや、生きるための工夫や知恵をもたらしてくれました。ある日、散歩のお婆ちゃんが大工作業に明け暮れる私に声をかけてくれました。「どんな店ができるんだい？　誰がやるんだい？」。店の構想を説明し、私が営むことを告げると、感心した様子で彼女は言いました。「最近の大工さんは、料理もやるんだねぇ」。苦笑いしながら、「ありがとうございます」と笑顔で彼女を見送りました。

店内のデザインは、居心地のよいことを最優先にして設計しました。お客様の席からは化学物質素材や金属素材のものを一切見えないようにすること。色目は白、緑、木目調だけ。靴を脱いで入店できるよう床をフローリングにすること。モノの配置はすべてシンメトリー（左右対称）、もしくは、三角構図。販売する雑貨のディスプレイはグラデーションで陳列。メニュー冊子は段ボールと裏紙と紐と手書きで作成。つり銭トレーや注文板も木材の端切れで手作り。すべては居心地の良さを無意識に体感してもらうための仕掛けです。罠に落ちたお客様たちは私の目論見通り、滞在時間が長くなり、なかなか帰りません。

ちなみに、化学物質素材、金属素材、コンクリート素材のものは、身体に微量ながら害を及ぼす可能性もさることながら、見た目にも、〝人の心を落ち着かせるものではない〟というのが私の持論です。それは、私の店に来てもらえればおわかり頂けると思います。

2カ月かけて作ったセルフビルドの目的は、コスト削減のためだけではありませんでした。狭い店の隅々まで無駄なく利用すること。店内の不規則な凹凸に、既製品の什器や家具を買ってもピッタリ収まることなど百パーセントありません。業者にお願いしても、こちらの意図を百パーセント伝えることも、実行してもらうことも、不可能です。自分で作れば無駄のない採寸で施工し、色も統一できます。のちのち壊れたら、自ら修復できることもメリットです。自分で作ったのだから、手法も道具も部品もすべて把握しているから、簡単に修復できます。よって維持修復コストがほとんどかかりません。最初から業者に施工をお願いしていたら、修繕のたびにコストがかさんだことでしょう。

セルフビルドしたことをお客様に伝えると、驚かれます。こんなにお洒落なデザインを一人で作れるのですか、と感心してくれます。それが嬉しくてたまらないのですが、実はもっと大切なメッセージを伝えたくて話題に出すことがあります。

「お金をかけたのではなくて時間をかけたから、こんな粋《いき》な店ができました」

「お金をかけたのではなくて手間隙かけたから、こんな居心地いい店になりました」

「お金をかけなかったお蔭で、知恵と技術を身につけることができました」

セルフビルドにこだわった最大の理由は、実践をもってこれを伝えたかったからです。


こうして2004年10月28日。6・6坪で14席のちっぽけな店「たまにはTSUKIでも眺めましょ」は開店。会社を辞めた30歳から4年と2カ月の月日が経っていました。当初は36歳を独立の漠然とした目標にしていましたが、計画より2年も早く夢が叶ってしまったのです。無知で何もできないままに、焦りながら時代に走らされた30歳までの7年間。その管理されるシステムから降りたらば、気ままにゆっくり歩いた4年間だけで、夢が形になったのでした。

第5章

ヒマで繁盛しないのに黒字経営！

◉ヒマな店を目指す

20代前半のころ、湘南や横浜のBARによく飲みに行きました。堅苦しい店、大きな店、繁盛している店は好きでなく、ジーンズ、Tシャツ姿で店主が一人で営んでいるような店を好みました。いつ行っても、カウンターの奥で小説を読んでいるマスター。お客さんに店を任せて遊びに出かけてしまうマスター。好き勝手しゃべって、わがままなマスター。個性的で気ままな大人に、憧れたものでした。そういう店の共通点は、たいてい宣伝をしていないことです。外に看板しかありません。お客様に媚びません。商売っ気がないので、どう生活しているのかわかりません。私の「カッコいい」という基準が、コレでした。

自分も店を出すのであれば、この「カッコいい」を追求しなければ、魂を売ることになります。**私はポリシーとして、繁盛しないことを目標にしました。**

繁盛させない目的は、ただ「カッコいい」からだけではありません。私はお客様に伝えたいことがいっぱいあります。また、お客さんの話をゆっくり聞くのも呑み屋の役割です。もし、常に満席で忙しかったら、いつお客さんと会話するのでしょうか？どうやってメッセージを伝え合うのでしょうか？　お客さんとコミュニケーションを取るには、ヒマでないと困るのです。

ならば人を雇うという手段もあるでしょう。すると三つの問題が生じます。一つ目は、トイレ掃除も、床掃除も、酒も料理もサービスも、レジ精算も、皿洗いも、全部自分でやりたいのに、人にお願いせねばなりません。二つ目は、ヒマなときに本を読んだり、居眠りしたりできなくなります。給料を払うからには働いてもらわねばならず、その横で私だけ好き勝手するのは、さすがに気が引けます。三つ目は、人件費です。給料を払うために、常に繁盛させねばならず、やりたくない販促をしなければなりません。逆に売上が落ちれば、人件費は一番大きな負担です。

私は変わり者かもしれません。たいていの人は、当然のこととして、繁盛することを目指して開店します。どんな商売でもそれは同じでしょう。ところが、総務省統計では、飲食店の年間廃業率は約8％。開店した店舗の50％が1年以内で廃業、80％が3年以内で廃業するとも言われます。4年後には20％しか残っていないということです。たまTSUKIが開店から6年間、繁盛しないままに黒字経営を続けていることは、非常にラッキーなのかもしれません。繁盛させたい人の多くが廃業して、繁盛していない私が黒字で経営を続けている。不思議ながらも、事実です。

◉稼がない自由

たまTSUKIが持続可能なのは、ビジネススタイルとライフスタイルを融合させているからです。**巨大市場システムから片足を抜いた私は、生活実費が少なくなった分だけ収入を減らしても大丈夫。**といっても、石器時代の生活をしているわけでも、江戸時代の生活をしているわけでもありません。限りない欲に、サヨナラしただけです。そのほうが幸せだからです。しっかり稼ぐのも自由ですが、ある程度で満足して、それ以上は稼がないという自由もあるのです。

具体的に考えてみます。

《ダウンシフターズ　Aさんの場合》

独身男性Aさんが都心で15席ある居酒屋を一人で営むとします。Aさんはエコロジストで、車もいらない、テレビもいらない、というシンプルな暮らしで充足しています。安心で美味しいものを食べることやライブや旅行に行くことが趣味です。ゆっくり過ごす彼女とのデートも欠かしません。彼は、自分の価値基準に合った〝豊かな暮らし〟を満たす一カ月の想定出費を大まかに計算してみました。

家賃　７万円
水道光熱費　１万円
食費　２万円
交際費　４万円
通信関連（携帯電話・インターネット）　１万円
趣味費　１万円
生活雑費　１万円
年金・健康保険　３万円
旅行積立　１万円
親への仕送り　２万円
貯蓄　２万円
合計25万円

将来のための貯蓄や、趣味とデートを謳歌するための金額も含めて想定しています。居酒屋を営むと自分が飲みに行く機会は減りますが、友人たちが彼の店に来てくれるので淋しいことはありません。よって交際費は彼女のために存分に使います。安心の食材を店で仕入れているので、余りそうなものを食べれば美味しく健康で、外食が少なくなります。上記の暮らし基準で充分余裕があるはずです。月25万円ですから1年にすると(月25万円×12カ月＝)300万円。Aさんは300万円の年収になるよう店の経営をすれば豊かな暮らしを実現できます。

次に、一人で営む小さな店で、300万円の年収を得るにはどれだけ売上を出せばいいのか、ザックリと想定してみます。飲食店の家賃＋水道光熱費と材料費と人件費は、売上に対してそれぞれ3割くらいと言われます。Aさんの店では従業員やアルバイトを必要としない経営なので人件費がかかりません。しかしそこで、この人件費に当たる3割の部分にAさんの希望している年収額300万円を当てはめると、(300万円÷0・3%＝)1000万円の売上が必要という計算になります。Aさんはこでちょっと考えました。課税売上額が1000万円以下の場合は免税事業者となります。そこで課税売上額の目標を960万円に落としました。そうすれば、消費税をお客様に還元できます。月単位の売上目標は（960万円÷12カ月＝）80万円です。週に1回の定休日ですから、1カ月の労働日数は約25日。一日単位の売上目標を計算すると、（80万円÷25日＝）3・2万円になりました。店の客単価は平均4000円（想定：ビール1杯500円／日本酒2杯1500円／お料理2000円）で想定します。一日に（売上目標3・2万円÷客単価4000円＝）8人のお客様が来てくれれば、目標達成できます。

Aさんは考えました。**一日に8人のお客様が来てくれる工夫をすればいいのだ。**15席満席にする必要はない。ランチ営業も考えたが、やっぱりやめよう。昼間は好きなことをしよう、ビールでも飲んで昼寝しよう。

こうした目標設定ののち、1年が過ぎました。Aさんの店の売上は900万円でした。目標に60万円足りません。充実の暮らしをするにはもう少し頑張りが必要でした。ちょっと気を抜いていたような気がします。来年は足りない60万円を増やすために、客数を増やすのか、客単価を高めるのか、回転率を高めるのか低めるのか、Aさんは対策を考えました。

翌年はAさんの改善が成果に表れて、1050万円もの売上になりました。しかし素直に喜べません。1年を思い起こすと反省点が浮かびました。頑張りすぎて、疲れが取れませんでした。仕込みが多くて日課の昼寝も減りました。趣味の旅行に行けませんでした。デートする時間もありませんでした。ライブも見に行けませんでした。消費税を税務署に納めることになってしまいました。もしかしたら、近所の同業店から売上を奪いすぎてしまったかもしれません。**他店がなくなったら、商店街はシャッター通りになって通行人が減るでしょう。そうなればAさんの店に立ち寄る人は必然的に減り始めます。せっかく稼いでも、これでは意味がありません。**持続可能でもありません。

Aさんは決断しました。来年は適正売上目標の960万円に減らすために、定休日を増やそう。

(ここに紹介した経営計画は筆者独自のものであり、会計学や経営学を活用したものではなく、税金なども考慮していません。損益分岐点売上高で計算するのであれば、固定費に希望する年収額を組み込めばわかりやすいかもしれません)。

Aさんを例に、「稼がない自由」を書いてみましたが、たまTSUKIの経営も、同じ考え方に基づいています。6年前の開店計画時に、私の望むライフスタイルから計算した店の売上基準は、Aさんより遥かにシンプルでした。一日2万円の売上があれば、満足なライフスタイルができる計算になりました。2万円ということは、単価4000円だとして、5人のお客様数です。14席の店内に、5人が来てくれれば成り立つビジネスを想定したのです。ヒマを目指すには、ちょうどよい人数です。

世間では、経済成長を前提とした時代が長かったゆえか、ビジネスの売上目標をたいてい右肩上がりで想定します。去年より今年は多く、今年より来年は多く……と、より高い目標を定めてしまいます。しかし、そこに目的はあるのでしょうか。例えば会社を大きくして何をしたいのでしょう？　例えば、市場シェアを独占して何をしたいのでしょう？　何のために、どのくらい儲けるのか。たいていの場合、これが不在です。

充実のライフスタイルを想定し、それに必要な収入を計算し、その収入を得るための売上高を計算し、その売上高目標額の例えば上下5％を狙う計画を立てる。目標売上におおよそ近ければOKとしちゃいます。目標よりマイナス5％を下回る売上高しかなかったならば、反省し、目標額に近づけるべく対策を打ちます。これは、通常のビジネスと同じです。一方、**目標よりプラス5％以上も売上高を得てしまったとき、**

反省して、適正売上高に減らす対策を取る。これを私は「ライフスタイル基準金額」と名づけました。ここが、新しい考え方であり、重要な部分です。そしてこの考え方には大きなメリットがあります。**漠然とした成長志向や拡大志向がなければ、不必要な先行投資をしないで済みます。**ついつい、将来のためにと言いながら大きな投資をしてしまう。ところがビジネスが軌道に乗る前に、その投資が負担になって廃業に追い込まれる。そんな例は山ほどあるでしょう。

「独身男性のエコロジスト」で考えてみましたが、必要以上〝稼がない自由〟=「ライフスタイル基準金額」は家族がいても可能です。ヴィトンのバッグが欲しい人でも可能です。車が欲しい人でも可能です。マイホームを夢見る人でも可能です。何が本当に欲しくて、本当に欲しくないものはいらないという価値基準と根拠と自信がしっかり持てれば、可能です。Organic BAR「たまにはTSUKIでも眺めましょ」と、私の豊かなライフスタイルが持続可能なのは、稼ぐ自由より、必要以上に稼がない自由を選択しているからです。

◉遠慮も販促も必要ない

一日5人の集客でビジネスと暮らしが可能ならば、常識を逸脱した商売をしても、何とかなるだろうと考えました。例えば、割り箸は、森林伐採に帰する可能性が高いので使わない。代わりにフェアトレードで仕入れた、軽くて持ちやすく素材感のある箸にしました。おしぼりは、クリーニング時に大量の化学洗剤を使用して汚水を出すので使わない。必要ならば、お客様自身のハンカチやタオルを使ってもらえばいい。紙ナプキンもありますが、リサイクル紙のものです。オーダーやメモに使う紙類は森林伐採を促すゆえ、郵送物として届く紙類の裏面を使用。お蔭でここ数年、筆記に必要な紙を買ったことがありません。メニュー冊子も使用済み段ボールで作成。文字も筆ペンで書くので、個性やぬくもりが出ます。プラスチックやビニールでラミネート作成したものは、オーガニックの店に似合わないような気がするからです。

こうしたスタンスは、一般的なお客様を減らす可能性があります。事実、おしぼりを出さないこと、割り箸でないことに、異論を持つお客様もたくさんいました。開店当時、オーガニックのお店は今ほど多くなかった時代です。近所のミドルエイジの男性は、「オーガニック？　何だそれは。ウイスキーの新商品か？」。環境を配慮しているなどと説明しても、「そんなことしたって、無駄だ」と一蹴されたことも度々あります。6年前はまだ、そんな時代でした。時代の変化とは早いものです。今、そんなことを言う人は、恥ずかしい思いをするかもしれません。

一方で、持続可能社会へのメッセージ性に共感してくれる方が、電車を乗り継いで来てくれるようになりました。口コミの力は凄いものです。一日5人集客の目標は、難しいものではありませんでした。異を唱えていた近所のお客様たちは、徐々に世の中の流れを理解するようになりましたし、そうでない方は来店頻度が減ってゆきました。しかし、それをカバーするように遠方からのお客様が増えてきたのでした。

呑み屋業界では、「触れてはならない三つの話題」があると言われます。「野球」の話、「政治」の話、「宗教」の話。酒の席でこの三つの話題を出すと、口論や喧嘩になる可能性が高いからです。例えば、「私は巨人が嫌いだ」と言ってしまえば、プロ野球全盛時代だったなら、国民の半分を敵に回すことになります。東京ならなおさらです。ビジネスにとっては痛手になります。しかし私は、好きも嫌いも、何でも言います。政治の話もします。宗教の話題にも触れます。仮に私が「巨人は嫌いだ」と言って、国民の半分が私の店を嫌うことになったとします。日本の人口1億2000万人の半分とは6000万人です。残り6000万人の日本人の中から、たった5人だけ当店に来てくれれば私の暮らしは成り立ちます。だとしたら、小さな売上欲しさに、ご法度話題を抑えてまで媚を売ることや、つくり笑いをすることや、ストレスを抱える必要はないと思うのです。「ビジネスのため」といって言いたいことを抑えることがナンセンスだと考える根拠は、一日集客5人で充分、という考えから生まれるのです。

ちなみに私は、いろいろな考えの人がいてこそ健全な社会だと思っているので、私と対峙《たいじ》する考えの方が来店しても大歓迎です。同じ考えの人とだけ話すよりも、違う意見の人と話したほうが知識や知恵が増えるし、相手の考えの根拠を知ることもできます。全員が同じ考えになるほうが、よっぽど怖いと思っています。

このように一日５人の来店客数目標ならば、大袈裟なマーケティングや販売促進も不必要でしょう。熟考することも、研究することも、市場調査することも、コンサルティング業者に依頼することも、なんだかマヌケなので、たまＴＳＵＫＩには不必要です。自己主張を控えるストレスも不必要。**他者を受け入れる気持ちを大切にしてさえいれば、好き嫌いを表現することをはばかる理由もありません。**

こうして稼ぎすぎないビジネスを考えると、「何をすればいいか」ではなく「何をしないか」がおのずと見えてきます。例えばチラシは配布数の３％が成果に繋がると一般的に言いますが、私の考えでは97％のチラシがゴミになるほうがストレスです。同じような理由で、名刺も持たない主義です。

割り箸やおしぼりを使わない選択によって、お客様を減らす可能性と増やす可能性。

私は増やす可能性に意義を見出し、「しない」ことを選びました。

ついでながら「しない」選択は、コストだけでなく仕事量も減らしてくれます。割り箸を買う手間や、おしぼり調達の手間や、チラシを配る手間は省いて、昼寝に回します。

◉スモールメリット

お客様がよく言ってくれます。「あと2～3店舗増やしたら儲かるんじゃない」。ありがたい心遣いとして受け止めています。しかし、私は多店舗化を考えたことがありません。今のビジネスとライフスタイルが楽しいのですから、多店舗化の必要が生じません。たまTSUKIには、私がアウトプットする何か（料理、酒、会話、選曲、雰囲気、癒し……など）を求めてお客様が遠方から来てくれます。しかし、多店舗化したら、私はすべての現場にいられません。たくさんの従業員も雇わねばならないでしょう。こんな変人が社長では、従業員が気の毒です。雇われる人をたくさんつくり出してしまうことは、かつての私のように、管理される人たちを生み出してしまうことです。それでは意味がありません。一人でも多くの人にシステムから自立して生きてもらいたいのですから。

開店のころ、手伝ってくれていた友人が「ヤカンが必要だね」と言いました。ヤカンがないとコーヒーやお茶に使うお湯が沸かせないとのことです。私は、「鍋で沸かすから大丈夫だよ」と言いました。友人は「えっ？」という顔で言いました。「なら、開店祝いにヤカンをプレゼントするよ」

私はヤカンが買えなかったのではありません。6・6坪しかない店内の狭い厨房の中にヤカンのスペースを確保することは、優先順位が低かったからです。ヤカンは鍋と違って重ねることができません。友人には、「お湯はヤカンで沸かすもの」という固定観念しかなかったようです。たまTSUKIはコーヒーやお茶をメインにしたカフェではないので、私はヤカンを〝いらないもの〟と判断していました。もし厨房が倍の広さなら、迷わず買ったことでしょう。

開店祝いを考えてくれている友人は、続けざまに「じゃあ、掃除機をプレゼントしよう」と提案してくれました。でも感謝しながらお断りしました。友人は再び、「えっ？」という表情をしました。私が断った理由は、6・6坪の狭さなら箒とチリトリで掃除するほうが早いからです。小さな箒やチリトリは、厨房の隅に収納できます。掃除機となればそうはいきません。食事をするお客様の席から見えるところに掃除道具を置くのは、飲食店としてセンスに反しますから、裏の倉庫に置かねばなりません。毎日開店前に裏から掃除機を持ってきてコンセントに差し、終われば倉庫にまた片付けるより、原始的な掃き掃除のほうが早いし簡単です。決して文明の利器を否定しているのではありません。たまＴＳＵＫＩが、今の倍以上のお店だったなら、迷うことなく掃除機を買います。面積が小さいから、掃除機でないほうが便利だったのです。お湯はヤカンでないと沸かせないわけではありません。掃除は掃除機がないとできないわけではありません。両者を不必要にする共通の理由は、店が小さいこと。小さいから、ヤカンも掃除機も買う必要がありませんでした。余計な投資をせずに済んだのです。

経済成長が前提の時代には、規模拡大化への魅力やメリットが大きくなるのが当然の帰結でした。**しかし、経済成長が不可能、および不必要な時代になったのだから、経済成熟・経済縮小に沿った考え方にシフトしてゆくのが自然だと思います。**

たまＴＳＵＫＩを多店舗化しようと最初から考えていたなら、掃除機もヤカンも買ったでしょう。一つだけでなく、将来を見越して複数買ったかもしれません。規模拡大を目指すのか、それとも最小でいいのか。それぞれの選択で初期投資が全く変わってきます。

掃除機やヤカンではあまりいい例ではないので、お皿の仕入れで考えてみます。規模拡大なら、同じ種類の皿を大量に購入したほうが、１枚当たりの単価を下げることができて効率的です。これが「スケールメリット」です。スケールメリットは、大量生産、大量消費のシステムを前提にしています。もし1店舗で充実を図るのであれば、一枚一枚違うお皿を買うほうが店の個性を演出することができ、その趣向に合うお客様には喜んでもらえるでしょう。皿1枚当たりの単価は上がってしまいますが、大量仕入れによる使わないリスク、保管のリスク、拡大計画失敗時のリスクを減らして、初期投資を小さくできます。これを「スモールメリット」と言いたいと思います。

「たまにはTSUKIでも眺めましょ」は、たった6・6坪のチッポケな店です。もう少しだけ、小さいことのメリットをお話ししたいと思います。

■組織と一人

地域商店街と共同でカフェ&バーを経営している大学生たちが、相談に来てくれたときのことです。「利益を出すために大人の人たちは、お酒の量は○○ml、ご飯の量は○○g、とマニュアル化してゆくのですが、本当はそういうものにとらわれないサービスをしたいんです。さっき、髙坂さんが〝貧乏学生だろうから、ちょっと多く入れておいたからね〟と何気なく言ってワインをサービスしてくれましたね。そんな感じに本当はしたいんです」。私はこう答えました。「雇い、雇われる関係が会社というもの。従業員みんながお客様に余分なサービスばかりしていたら、利益がなくなっちゃうよね。だから、経営者がマニュアル化するのは当然のこと。利益を出さなかったら、君たちにもお給料を払えないしね。会社に限らずどんな組織でも、人が2人以上集まったらルールを作らねばならない。俺の店だってちゃんと利益を考えて、提供する量を決めているよ。でもね、俺は一人でやっているから、ルールがいらない。気に入った人には、多く出してあげればいいし、嫌なお客様には、少し減らすことだってできる。それが小さなビジネスのメリットさ。損得はすべて自分で判断して受け入れればいい。難しい課題だけどさぁ、今の仕事場で解決を見出せなくても、将来卒業後の仕事にはこの課題の答えを活かせるかもしれないよ。大きくなることのデメリットがあるし、小さいままでのメリットもある。そういうものを感じて、将来に知恵を活かせばいいんじゃない」

私には、気に入らないお客様に料理や酒の量を減らす自由がありますが、たまTSUKIが実はボッタクリ・バーだとは、まだ一部にしか、ばれていません。

■好きを全部組み合わせれば、オンリーワンに誰でもなれる

こんな好き勝手していて、いいのか？　と思うほど、私はわがままです。好きな音楽を流し、好きにギターで歌い、好きな取引先と仲良くし、好きなことを話し、好き

なことを広げるために好きなようにイベントを開催し、好きなお客様にたまにはサービスしちゃう。

でも、それでいいと思っています。例えば、オーガニックのお店はたくさん増えていますが、そういう店で、泥臭いブルースを流す店はありません。たいていはヒーリング系音楽でしょう。オーガニックが売りの店なのに、おすすめで焼き鳥を出すのも当店くらいかもしれません。いきなり、お客様同士に自己紹介させちゃう店も、世界で一つでしょう。ご注文頂いたメニューに「その料理は添加物がたくさん入っている材料を使うから、やめたほうがいいですよ」と断る店もないでしょう。そもそも問題があるなら、そんなメニューを書くこと自体、変です（問題提起することが目的なのですが）。

しかし、だからこそ、世界で一つだけの店になるのです。私は料理だけで勝負しても日本一になれません。音楽の品揃えでも日本一になれません。酒の品揃えでも日本一になれません。単品特化志向では、世界にトップは一人。すべての人がトップを目指さねばならない社会は疲れます。トップ一人以外は全員が敗者となります。

一方、好きなことを全部投入すれば、その組み合わせは、誰も真似できないオンリーワンになります。私の店には日本一のものも突出している何かも一切ありませんが、**自分の個性を全部入れているから、世界で一つの店になっている。**その私の好きなことの何か一つにでも触れて感じるものがあれば、お客様が来てくれる。一日5人来店目標なら、それで何とかなるでしょう。

こうして考えると、たまTSUKIは私にしかできないビジネスです。一方、世界中の人がそれぞれの好きなことを組み合わせれば、みんなオンリーワンになれる可能性をも示唆します。誰もが自分の好きなことを組み合わせて、世界に一つだけの小さなビジネスをする。そうなれば、他をライバル視する必要もないし、勝負する必要もないし、そもそも、比べる必要もなくなります。そうやってスモールビジネスが、人の数だけ生まれたらいいな……。私の夢です。

■休みを増やす葛藤

たまTSUKIはわがままなほど、たくさんのお休みを頂きます。昼間の営業をしない上に、2009年からは飲食店としては異例の週休二日に移行しました。お正月と夏に9日ずつの長期休暇、さらに不定期に9日の休みを頂く場合もあります。年間休日はおおよそ125日。完全週休2日制の企業なみです。

自分でお休みを決めることには、正直に言うと、勇気がいります。定休日の日曜日・月曜日に電話が鳴って「今日は開いていますか?」と聞かれると、売上機会損失に落ち込むことだってあります。「日曜日に大人数で予約したいのですが……」とく見てがっかり帰るのを想像しても、申し訳なくなります。定休日を確認せずに店まで来たお客様が、降りたシャッターを見てがっかり帰るのを想像しても、申し訳なくなります。

長期休暇を取る場合には、なおさら。得てしてそんなときにたくさん電話が鳴るものです。お断りした電話の件数から損失売上を計算してしまって、滅入ることもしばしばです。

でも自分で決めたことですから、その損失の落胆を受け入れられます。働かない選択をした自分の勇気を評価してあげます。落胆のストレスは、かつて会社員時代に背負っていたストレスに比べれば、100万分の1くらいでしょう。**自分の責任で生きるということは、そういうことです。**休み前に多少「損したかなぁ」と落ち込んでも、充実の休日を過ごしたあとには、そんなストレスは消え去っていて、気分よく仕事を始めているのです。

不思議なことがあります。不規則に長期休暇を取ったことが何度もあるのですが、その月ですら赤字になりません。貯蓄に回すほど余ることもありませんが、持ち出しになったことが一度もないのです。たまTSUKIは小さくて個性的な店です。みんな目的を持ってお客様が来てくれます。通りがかりで入るお客様は月に1人いるか、いないかです。だから店が長期の休みでも、お客様は開いている別の日を選んで来てくれるようです。たまTSUKIの代替は他にない、という評価の証だと思います。

小さくてよかった。わがままでよかった。そう思います。こんな店に足を運んでくれるお客様に、本当に感謝いっぱいです。必要な休みは取るべきなんだよ、と神様が認めてくれているからかもしれませんね。

■脱・専門家……すべて自分でやる

たまTSUKIは、すべての業務を私一人で行います。日々の食材調達、調理、料理提供、接客、後片付け、掃除。日常業務以外にも、各種行政手続き、会計、販促(しても、しなくても)、取引先探し、内装外装の補修、冷蔵庫などの厨房機器の簡単な修理やメンテナンスなどなど。どれも専門家ほどは上手にできず、ミスもヘタも山ほどありますが、とりあえず、問題ありません。専門家にお願いしたらたくさんの支出になるでしょう。できる限り自分で考え、行動し、課題をクリアします。

こう書くと私を器用な人のように思うでしょうが、実に不器用です。会計処理などいい加減で、税務署に申告した際に指摘されないのが不思議です。絶対に間違っている自信があります。家電品の修理では悪戦苦闘して、余計に壊してしまったこともあります。しかし、失敗があるから己の成長と自信に結びつきます。失敗を前提にしてチャレンジすれば、焦る必要はありません。

私は不器用な上に、のろまです。かつての会社員時代は、それを克服しようとして早足で業務をしていました。急げばミスや誤魔化しが増え、その場しのぎの仕事になりがちでした。山積する課題をクリアできない自分に苛立《いらだ》ちすら覚えていました。

今は、スローな私を怒る人もいません。問題が山積した場合には、放っておきます。遊びや昼寝やしたいことを優先します。「やりた〜い」と思うときまで寝かせておくのです。

たとえれば、お鍋の中に問題を放り込む感じです。どんな野菜や肉や魚も、鍋に入れて弱火にかけておけば、時間が経って気付いたときには美味しく出来上がっている。頭の隅っこに置いておけば、あるときふっと解決へのヒントが浮かんだり、時間とともに問題がいい方向に向いていたりするものです。そして「やりた〜い」と思ったときに問題に取り掛かると、スムーズにことが進むようです。日々仕込みにいくとき、「あぁ、まだ行きたくないなぁ」と思ったら、行きたくなるまで家を出ずにいます。好きなことを優先します。でももう行かなきゃ仕込みが終わらないというギリギリになると、「行きたくない」が「行きたい」の気持ちに変わるのです。そういうときまで、自分を信じて待ちます。お蔭で、結局間に合わずに開店時間を過ぎても仕込みをしていることが多いのですが、**今も店が潰れていないのだから、大丈夫なのでしょう。**たまTSUKIには私一人しかいないのですから、私のペースで仕事をすればいいのです。

◉ミニマム主義

スモールメリットを活かした考え方、暮らし方、経営のあり方を「ミニマム主義」と言います。ミニマムとは「最小」「最小限」という意味です。この言葉は、「日本一小さい農家」を自称する通称・源さんこと西田栄喜さんの造語です。彼は石川県に住み、名峰白山と日本海に挟まれた恵み豊かな大地の上で農業を営んでいます。無農薬野菜を栽培し、無添加で漬物を加工し、独自のルートで販売しているお百姓さんです。金沢に在住していたころの友人が、源さんの農業と私の生業に共通点を見出して、ひき合わせてくれたのです。

源さんのホームページ（無農薬野菜・風来）内の「ミニマム主義で行こう」というブログを読み、私は深く感銘しました。スモールメリットを活かした私のビジネスを、一言でどう表現していいのかわからないまま開業から数年が過ぎていたからです。まずは源さんとメールでやりとりするようになり、意気投合し、「スモールメリット」や「ミニマム主義」を広げてゆこうと約束しました。ミニマム主義なら、収入を減らしても豊かに暮らしてゆけるための経営エッセンスが詰まっています。まさにダウンシフターズには最適な哲学。とっても小さな農家ととっても小さな呑み屋の出会いが、社会に大きなインパクトを提供できるかもしれないと思いました。源さんの知識と実践、それを説明する言葉の数々には、いつも驚きを隠せません。源さんのブログから言葉をお借りします。

何のためにどのくらいもうけるのか。
ミニマム主義ではその「何」は「幸せ」です。
幸せに暮らすにはどのくらいの収入があればよいのか、
そのためにはどのくらいの売り上げが必要なのか。
そうやって考えていくとやる事がどんどん明確になっていきます。

お金はあればあるだけいい。
スピードは速ければ速い方がいい。
小さいより大きい方がいい。
なんてしていたらキリがありません。
幸せの原点は「比べない」「足るを知る」です。
ミニマム主義ではお金と向き合うけど、
キリがない欲望には付き合わないのが前提です。

普通の農家さんは、規模拡大で効率よく利益が増やせると勧められ、借金をして大型機械を購入します。効率よく利益を得るためにと、一種類の作物を大量に作ることを勧められます。効率よく作物を成長させるためにと、農薬や化学肥料を大量に購入し、大地に投入します。しかし、一種類の作物だけでは天候に左右され、豊作・不作の波に襲われ、市場の動向に翻弄され、利益がほとんど出ないというのが今の日本の農家が置かれている危機的状況です。増えるのは借金と支払利息だけ、という皮肉な現実です。

源さんの畑は最小の面積なので、大型機械を使うより手作業のほうが効率がいい。農薬や化学肥料は必要ないし、その出費もない。たくさんの種類の野菜を作るのでリスクが減って、豊作・不作に左右されない。付加価値を付けて消費者に直接売れる上、借金や出費がないので、粗利が大きい。だから必要以上に売上拡大を考える必要がない。直接販売は市場に翻弄されることがない。まさに小ささのメリットを最大限に活かした農業です。

ちなみに源さんは年収が多いわけではありませんが、素敵な新築の一軒家に住み、車も持ち、当然テレビもあります。彼は日本一小さな農家ながら、ミニマム主義のもとで、有意義な仕事と時間を得て、妻と3人の子どもと家族5人で心豊かに暮らしているのです。

◉少しずつ変えてゆけばいい

■ホンモノを使うと、出費が減る

たまTSUKIは、今では堂々と「オーガニック」を名乗っていますが、開店当時は食材のオーガニック率が低く、誇れるものはお酒の品揃えだけでした。鶏肉は、国内産を選んでいたものの、市販のブロイラー（過密状態で飼育することを目的に品種改良された食肉用の若鶏。世界市場の90％を占める。驚異的な成長力の代わりに病気への抵抗力が弱いため、大量の化学物質を投与。生きものとしての尊厳がない育て方に、私は違和感を持っています）でしたし、調味料はなるべく安全なものを選ぶように心がけていましたが、パーフェクトではありませんでした。

ある日、知人が経営するお店に食事に行きました。そこで頂いた鶏肉と白菜の煮物は、驚くほどにシンプルながら、透明感のある味でとても美味しいものでした。聞くと、放し飼いの地鶏と自然農（森に生物が育つように、土を耕さず、自然界の流れに任せて育てる農法）の白菜を煮込み、伝統製法の醬油を垂らしただけだというのです。

私は、店にある食材で同じように作ってみました。しかし、全く味が付きません。仕方なく、様々な調味料を数種類足して、やっと味が近づきました。しかし、それは近づいただけで、美味しいとは思えません。何だか余計な味がたくさん邪魔していて、本来の白菜と鶏の旨みが全く感じられないのです。

そこで地鶏と自然農の白菜、伝統製法の醤油を買ってきて、再度同じように作ってみました。すると、あのときと同じような、透明感のある美味しい煮物になったのです。正直、驚きました。こんなにも違うものなのか！ とこれをキッカケに、導かれるご縁を大切にしながら、ゆっくりゆっくり、既存の仕入れをホンモノに入れ替えてゆきました。

気付きは、それだけではありませんでした。ホンモノに替えてゆくと、厨房にあったたくさんの調味料に出番がなくなります。例えば、ホンモノの塩だけで、ホンモノの味噌だけで、ホンモノの醤油だけで、美味しい味付けができるなら、他に調味料を入れる必要がありません。結果、厨房にあったたくさんのモノが減っていきました。モノが減れば、汚れる場所も少なく、片付けも掃除も楽です。**ホンモノは値段が高く、コストが増えると思っていましたが、必要のない調味料を買う必要がなくなったので、トータルコストはあまり変わりませんでした。**

野菜にも同じことが言えます。よりいいものを使うようになると、単体のコストは上がりますが、安全安心の野菜なら葉っぱ、皮、根元まですべてを使うようになります。丁寧に使い切ります。だからゴミも減ります。仕入れルートがシンプルになります。必要な野菜が手に入らなくても、それは自然界に準じたことだから当然のこと。あるもので代替して料理をすればいい。**無理に仕入れる必要がないので、八百屋さんを梯子《はしご》して探し歩くこともしません。トータルコストは、結局あまり変わりません。**

調味料などが減った分、買い物回数も減る。安い仕入れを求めて探し回る労力も必要ない。メリットのほうが、遥かに大きいことに気付きました。

オーガニックやホンモノは高い。世間ではそう考えがちです。しかし、実は出費は変わらないと思います。オーガニックの食材を購入している家庭と普通の家庭のエンゲル係数（家計に占める食費の割合）は、同じだったという調査データを読んだことがあります。美味しいし、健康だし、安全だし、手間が減るし、ゴミも減るし、キッチンも綺麗になる。医食同源というように、美味しい食事で病気知らず、医者要らず、薬要らず。ますます出費は減ってゆきます。そして何より、未来に残したいホンモノを作るビジネスに、自分の払ったお金が役立ってゆく。これが、一番嬉しいことです。

■洗剤がない！

飲食業に携わるようになった31歳から、一つ悩みがありました。手あれ、ひび割れの痛みです。常に指は荒れていました。原因は洗い物。一日にたくさんの食器や調理器具を洗うことに追われるのですから、しかたないことと思っていました。肌荒れ防止の薬品を塗り、バンソウコウを貼り、寝るときは布手袋をする始末です。たまTSUKIを開店する前の数カ月は調理から遠ざかっていたので、その期間だけ手は綺麗に戻り、痛みから解放されていました。

開店後、既製品の食器洗い用洗剤をお祝いで頂き、使い切るまでと思って使用しました。するとすぐに手荒れが再発したのですが、飲食業にはツキモノと思って諦めていました。数カ月して既製の洗剤を使い切ったあと、環境に配慮した洗剤やフキンに替えました。そうした日常品や消耗品に高いコストをかけることには勇気がいります。しかし思わぬ変化が生まれました。何と、手荒れが治ったのです。以来、バンソウコウも、薬品も、手袋も不要になり、無駄な出費が減りました。それより何より嬉しいのは、痛みやヒビ割れ出血から解放されたこと。地球環境に配慮したものは、人にも優しい。考えてみれば、人も自然も同じ循環の中で生きているのですから、当然のことだったのです。

今では、洗剤そのものを使っていません。洗剤がなくても油を吸い取り、汚れを洗い落とせるフキンがあるのです。環境に配慮した、土に返る素材です。100円ショップで売っているフキンの10倍の値段ですが、飲食店の洗い場でも数カ月も長持ちするので、結局はコストを減らせます。長持ちするものを愛着を持って使用することを、私は「ロングタイム」と言っています。**ロングタイムは長期的にコストを下げ、買い替えの手間を省いてくれます。**

ドラッグストアにも、一般家庭にも、飲食店にも、様々な洗剤が置いてあります。皿洗い用洗剤、油汚れ用洗剤、トイレ用洗剤、窓ガラス用洗剤、住居用洗剤……。しかし実際は、重曹とお酢だけですべての掃除ができます。しかも、効果が高い。多種の洗剤に囲まれて暮らすのは、危険だし、モノが増えるし、出費になるし、買い替えにも追われます。プラスチックの多種多様なボトルがあるキッチンやトイレに私はセンスを感じません。より心地よく過ごすために、我が家にも、店にも、洗剤は皆無なのです。

たまＴＳＵＫＩで皿洗いを手伝ってくれる人は、みんな驚きます。「洗剤がない！」

■売上減ったらチャンス

たまＴＳＵＫＩも、売上が減ってピンチに思うことが何度かありました。ピンチでも、ポリシーを貫くために、痩《や》せ我慢と言われても余計な販促は打ちませんでした。店の外に品書きを出すことや、値下げサービスを打ち出すこともしませんでした。売上が下がると、通常はコストを下げる努力をします。しかし私の場合は、よりよい食材の仕入れや、新たな取り組みや、大掃除のキッカケにします。売上が順調なときは、得てして問題意識が生まれないし、あっても、いつかやろう、と置き去りにしてしまいがちです。その「いつか」が、ピンチのときだと思うのです。

たまTSUKI開店から1年経たとき、売上が落ちました。そこで、創業前から構想していた、店内でのライブ、トーク、映画上映、店外企画などの準備を始めました。すると、まだそうした企画の告知すらしていないのに、不思議と急にお客様が増え始めました。映像を映し出すためにプロジェクターなどの機材も揃えたら、NGOや社会活動をしている方々が、プレゼン場所として利用してくれるようにもなりました。

またもや売上が落ちてピンチに思っていたころ。ある日お客様が、「ある言葉を唱えながらトイレ掃除を丹念にすると、商売繁盛になるんだ」と話していました。耳を傾けていると、非常に怪しげで摩訶不思議な話です。疑心暗鬼ながらも、翌日試しにその言葉を唱えながら1時間以上かけてトイレ掃除をしました。夢中の余り、途中からは便座に顔を押し付けてまで、手の届かない奥のほうを拭いていました。いざ開店です。すると驚いたことに、一人、また一人と、新規のお客様が入ってくるのです。その日からお客様が途切れなく来るようになって、摩訶不思議な話も時に信じるようになりました。

ピンチと思うとそのたびに、いいモノ、ホンモノを使うキッカケにしていきました。するとコストが増えるのでなく、気付き、知恵を得るとともに、長期的なトータルコストが減ります。だから、食材のコストが一時的に上がっても、料理メニューの値上げをせずに済みます。いい食材を使えば当然、お客様に喜びます。それが何よりの醍醐味です。

■コップから水がこぼれだすとき

ゆっくり少しずつ変えてゆけばいい。

私は社会を変えたいと思って小さい店を営んでいます。でも、急に変えようとすると、様々な軋轢《あつれき》が生まれるものです。敵も作ります。ストレスも増えます。大きな革命では、多くの血が流された歴史がたくさんあります。

私がマイ箸を持つようになるには時間がかかりました。初めてマイ箸を使う女性を見たとき、彼女をただの潔癖性だと思いました。しばらくして別の女性がマイ箸を使うのを見て、この人も潔癖性かと思いました。やがてマイ箸を持つ人を見かける機会が増えて、やっと理由を自分で調べてみる気になりました。やがてそれを持ち歩く男性にも出会い、マイ箸を持つ人の想いを確信してゆくようになりました。そして、私も購入しましたが、しばらくは恥ずかしくて人前で使えませんでした。それでも、馴れと勇気で恥ずかしさも消えてゆき、気付いたときには堂々と使えるようになっていました。その間1年以上。私にマイ箸姿を見せてくれた一人ひとりは、私の心のコップに一滴ずつ水を垂らしてくれたのです。その一滴一滴の水は徐々に溜まり、やがてコップから溢れ出しました。私がマイ箸を使い出したときが、そのときです。

ちなみに昨今、マイ箸に関して賛否が分かれています。国内の間伐材を使った割り箸は森林維持や雇用に役立っているという意見です。すべての割り箸がそうであればいいのですが、実際は違います。国内で消費される割り箸は年間254億膳。このうち輸入品は97・5％。さらにそのうちの99％が中国産です（2006年12月2日付『名寄新聞』より）。輸入割り箸のほとんどは、皆伐方式という、木を一斉に伐採する方法のため、森林伐採と直結してしまいます。中国もそれを懸念して、割り箸の貿易取引を2005年暮れから3割程度引き上げました。中国から輸送するために石油エネルギーも浪費するでしょう。海上輸送に際してのカビ対策として、防カビ剤や漂白剤などの化学物質が使用されることも多いようです。仮に人体への影響が微量だとしても、本来必要のないものを使うことが問題だと思います。そもそも賛否を論じる前に、使い捨てを良しとしないライフスタイルこそがカッコいいのだと私は思うのです。254億膳を日本の人口で割ったら、約210膳。年間に一人がそれだけ使い捨てすることに、どんな論を持ってきたとしても、私はカッコ悪さを感じます。

たまＴＳＵＫＩに来てくれるお客様に、私の主張を押し付けるつもりはありません。議論で打ち負かすことにも興味がありません。店内に仕掛けている様々なヒントや、何気ない私との会話から、何かを感じてもらえればいい。私は一滴の水を垂らすだけでいい。私は水を垂らしてもらう人でもあるけれど、水を垂らす側でもいたい。大きなものを自分一人で変える必要はありません。気付いた人が少しずつ変えればいい。変える側の一人でいい。

人が変わるにも、社会が変わるにも、時間が必要です。江戸時代が終わって明治時代に移り変わる大革命の歴史は、教科書ではたかだか数ページで説明されています。読んだら数分です。しかし実際の大変革は、１８５３年のペリー来航から、１８７１年の廃藩置県まで、およそ20年の長きにわたります。変革の必要性に気付いた人が、少しずつ行動を始めていったのです。そして最後に徳川幕府は、大政奉還から江戸開城に至るまで、無血で権力を手放すという歴史的選択をしました。

社会が変わるスピードが速まるのは、変革の必要性を感じて行動する人が全体の５％を超えたときだと言います。５％になるまでに長い時間がかかるのです。今、持続可能な社会に向けて行動し始める人がどんどん増えてきました。５％までは来ていませんが、その臨界点が近いことは確かです。

今、古い経済システムは自ら崩壊を始めています。**大きな変化は始まったばかりです。**古いシステムにしがみつくか、変える側に立つか、それは一人ひとりの自由です。でもこの変化への潮流は変わらないでしょう。もし変えられなければ、〝しかたない〟と言いながら人類は滅んでゆくしかないのですから。

たまTSUKIも、私のライフスタイルも、一滴ずつのわずかな変化でここまで来ました。ピンチを繰り返しても、いわゆる目に見える対策は打ちませんでした。心の内側に向き合って、やりたくないことはせずに、やりたいことだけを実行してきました。例えば大根は、大々的にテレビCMを打たなくても、売れるものです。ただ単にその理由は、食卓に大根が必需品だからです。必要ないものを売るために、消費は仕掛けられます。宣伝などしなくても、たまTSUKIが世の中に必要なものであれば、ほどほどにお客様は来てくれる。そう信じてきた結果、持続し、今を迎えています。

たまTSUKIは、「一日5人の来店客数」を超えて、少しだけ予定以上の売上を頂いています。同時に、忙しくならないように余計なことはしない心がけです。ピンチの月でも赤字なく、好きな暮らしをしていても、たいてい月に5〜10万円が手元に残ります。**年収は少ないのですが、残るお金はサラリーマン時代と変わりません。**

第6章

「円（カネ）」を儲けるのでなく、「縁（ツナガリ）」を設ける

◉出会うBAR（場）

たまTSUKIには、面白いことをしている人が集まってきます。店内に偶然にして居合わせる人たちを、私の独断で「ひきあわせたら化学反応が起こりそうだ」と判断したとき、互いを紹介してしまいます。満席のときなどは、「皆さん、今日はオモシロイことをしている人たちばかりなので、自己紹介タイムにしましょう」と突然切り出すこともあります。みんなが自己紹介している間に、溜まった注文をこなすこともできるので一石二鳥です。一人でお越しの方にも、隣りのお客様に「こちらの○○さんは、△△されているんですよ」と経歴などを紹介してしまいます。例えば、農に関心がある方には、「テーブルの○○さんは、週末は田んぼをしているんです」と言うと、お客様同士で会話が発展してゆきます。あるテーブルから男女の別れ話や悩み話が聞こえてくると、「こちらの○○さんも離婚したばかりなんです。人生、ブルースだ。別れの曲をかけましょう。傷口に塩を塗ってあげますね、えっへっへ」という感じで笑いながら勝手に紹介しちゃいます。追い討ちをかけるように、ダークで悲しい歌を選曲して。たまTSUKIにおいては、個人情報が守られることはありません。悲しみや悩み、嬉しいことや知らせたいことなど、みんなで共有してしまうのです。

二冊しかないメニュー冊子も出会いの手助けになります。注文したいけど手元にメニューがないお客様には、他の席からリレーで回してもらいます。その光景は見ていて笑えます。初来店のお客様が何を頼むか悩んでいると、メニューに詳しい常連さんが説明を始めます。お蔭で私の仕事が減って助かります。「このお酒は、翌日残らないし、胃腸の調子もよく、朝の目覚めがいいんですよ。お肌も潤うし……」「私は今日、胃腸の調子が悪かったので、このお酒を飲んで治すために来たんです」などなど。聞いた方は、そんな不思議なお酒があるのかとビックリするでしょう。私もチャンスと思って、ホンモノの手作りがどんなに素晴らしいかを説明します。そういう会話の中から他の話題へと波及し、語らいに繋がってゆきます。みんなが出会い、語り、笑い合っている姿を見て、私もヘラヘラと笑っている怪しい存在です。しかたありません。事実、怪しい人間ですから。

メニューをすぐ見られない状況では、注文頻度が減って売上機会損失が多いことも事実です。それでもなお、みんなが繋がる姿を垣間見ることが私にとっては大きな心の報酬になりますから、メニュー冊子を増やそうと思ったことはありません。

お客様が何に関心があるのか。店内にある様々な仕掛けの何に反応するかでだいたい把握できます。注文する料理や酒、置いてある楽器、流れている曲、手に取る本、置いてある映像類、販売している雑貨、それらへの目線、他のお客様の会話に示す関心……なども ヒントになります。そこから会話を発し、いろんな出会いに繋げる場合もあります。お客様同士以外にも、この人はという人へその場で電話して、紹介することもあります。

私がそこまで出会いや繋がりにこだわるのはなぜなのでしょうか。多分、会社員時代の反省からです。当時、自分は広い視野を持っていると自負していましたが、今思えば、井の中の蛙《かわず》で、非常に視野が狭かったし、生きるための選択肢を持ちえませんでした。だからお客様に、違う生き方をしている人や、利益だけを追求しない組織(NGO、NPO、社会起業家など)を実際に知ってもらうことで、未来の選択肢を増やしてほしいと思っています。様々な人生の具体的選択肢を身近に見ていれば、現状に苦しむことがあっても追い詰められることはきっとありません。

こんな想いから私はお客様に出会いを演出することが多いのですが、実際は想像もしなかった相乗効果が生まれています。たまTSUKIでの出会いからたくさんのプロジェクト、協働、就職、ビジネスが発足しているようです。情報を共有し、共感する。そこから何かが変わりだす。奇跡の感動ドラマを見るような感覚で厨房に立っています。だから私は家にテレビがなくても、大丈夫なんです。

◉食べものが身体と大地を繋げる

人の身体は、食べものからできていると言っても過言ではありません。脳以外のすべての細胞は日々入れ替わっています。早ければ数秒、平均で3カ月から1年、長くても7年くらいで入れ替わるそうです。身体には水分と空気と食べものしか入れていません。だから、細胞を補充しているのは、ほぼ食べものだと言っても間違いないと思います。「身体＝食べもの」ならば、「食べもの」とは何でしょう。自然界そのものです。海から採れるもの、森から採れるもの、大地に育つもの、すべて自然界からの恵みです。ではその自然界が汚れていたらどうなるか。人は自然界のものを食べてしか生きられないのですから、人間の身体も同じように汚れるのです。水に関しても、空気に関しても、一緒です。

自然を汚せば、結局、人が汚れます。出したものが、巡り巡って自分に戻ってきます。幸せに健康でいたければ、自然を汚すことはできません。

■肉をあまり出さない理由

たまTSUKIのメニューには肉料理はわずかです。1970年代のアメリカは、心臓病や癌の増加で医療費が莫大になり、財政危機に陥りました。アメリカ上院栄養問題特別委員会は、7年間にまたがった研究と数千万ドルの国費を投入して、5000ページにも及ぶマクガバン・レポートを出しました。そこには、心臓病など諸々の慢性病の原因は肉食中心の食生活であって、薬では治らないと書かれています。付け加えて、世界中の食事の中で一番素晴らしいのが、室町時代の日本食だと発表しました。精白しない穀類を「5」、季節の野菜や海草を「2」、小さな魚介類や小動物を「1」、といった割合が一番健康にいいと述べています。これは、人の歯の種類と構成からも理解できます。穀物をすりつぶすための臼歯《きゅうし》が20本、野菜を噛み切るための門歯が8本、肉をちぎるための犬歯が4本。「20：8：4」＝「5：2：1」！

この割合を、たまTSUKIではメニューに反映させています。ダシも小魚系にして、肉のメニュー数を少なくしてしかも鶏だけしか出さないのは、そういう理由だからです。野菜だけでも充分美味しいことを知ってもらいたいとも思います。ご飯は、胚芽米4分の3に、精白しない穀物である玄米と雑穀を4分の1ほど混ぜて炊きます。

肉をなるべく使わないのには、他にも理由があります。牛肉1キロに対して餌として11キロの穀物が必要です。豚肉だと7キロの穀物、鶏肉だと3キロの穀物。その穀物類は、森林伐採による広大なプランテーションで、遺伝子組み換えによって育てられる大豆やトウモロコシなどです。その餌を運ぶためにたいそうな石油エネルギーも使うことでしょう。世界が肉食をやめたなら、家畜が食べない分の穀物で、90億人以上の人口を養えるとも言われています。今、地球人口は65億人くらいですが、10億人が飢餓に苦しんでいます。こう見ると、飢餓は先進国が起こしている人災ですから、私も加害者の一人だと思っています。国内産の餌にこだわった鶏を、美味しく少量頂くに留めて、自分の健康、家族の健康、お客様の健康に配慮し、世界の飢餓へのアンチテーゼにしているつもりです。

■野菜はまるごと

野菜は信頼している小さな八百屋さんから仕入れています。時には直接にお百姓さんから仕入れることもあります。オーガニックに準じた安心の野菜は、皮まで使えます。種や芯も捨てずに使います。旨みを逃がさないように、アク抜きはほとんどしません。節が汚いとか、芯が汚いからと捨ててしまうのは、例えば、私が食べられてしまう立場なら、ああ、顔が不細工だね、足が臭いね、といってそこだけ切り取られて捨てられてしまうのと一緒です。どうせ食べられるのなら、私の不細工な顔も臭い足も全部食べてもらって成仏したい。食べた人の栄養になってあげたいと思うのです。また、野菜の芯や節は、実際は栄養価が高く漢方薬やサプリメントの材料になる部分。野菜全体を繋ぎ合わせている部分が芯や節で、その接着部分を食べなくなったからこそ、人は人と繋がれなくなっているという料理家の言葉に、私も共鳴します。冷蔵庫でしなびた野菜を捨ててしまう人がいます。もし、見てくれが悪いから捨ててしまうのであれば、その人も歳《とし》をとってしなびたら捨てられてしまうのと一緒です。自らしたことは自らに返ってきます。自然界からの復讐は怖いのです。

皮も種も芯も節も使う。そうすると野菜さんたちが喜んでくれて、ご褒美をくれます。皮を剝《む》く手間、種を除く手間、アク抜きの手間を除いてくれて、時間をくれるのです。横着者には最高。仕込みの時間が減るお蔭で、またもや昼寝三昧です。

「人は土の化身だ」と言いますが、土が野菜に化け、それを動物が食べる。土に蓄えられたミネラルが海に流れ、魚を養う。そう考えれば野菜も肉も魚もすべて土の化身。それを食べる人間も土の化身です。都会に住む現代人は、その土を一度も見ない日がありあます。料理や調理が、大地や自然と繋がる唯一の接点かもしれません。

人はマグロ2切れで10分間生きるカロリーを摂取します。マグロ2切れに1000匹のイワシがいのちを捧げます。1匹のイワシには5万匹のオキアミがいのちを捧げます。1匹のオキアミには5兆の動物性プランクトンがいのちを捧げます。動物性プランクトンには50兆の植物性プランクトンがいのちを捧げます。人はわずか10分を生きるために、どれだけのいのちに支えられるのでしょうか。生きているだけで儲けもの。生きているだけで価値がある。感謝せねばバチがあたります。

身体の内側と外側を繋ぐのが食べもの。どんなに忙しくても、たくさんのいのちに「いただきます」「ごちそうさまでした」を省略しない。そう心がけています。

◉お百姓さんと繋がる

私は、お百姓さんや自給農をしている方たちと親しくしています。例えば、たまTSUKIで炊くお米は、何軒かのお百姓さんから直接仕入れています。私はご飯を炊くときに、作ってくれたお百姓さんと作物そのものに感謝を表し、祈ります。「○○さんが育てた玄米さん、△△さんが育てた胚芽米さん、□□さんが育てた雑穀さん、いつも美味しくなってくれて、ありがとう」。そのお蔭からか、たまTSUKIのオニギリは大人気メニューです。

普段、親しいお百姓さんのところへ遊びにいくと、たくさんの作物を頂きます。たくさんのお漬物なども頂きます。でも、いつも不思議に思っていました。

今、日本の農業は非常に厳しい状況です。米農家さんの時給は179円というデータもあります。こんなことでは後継者が育つわけもありません。耕さない人が食べものを口にできるのは、耕している人たちのおかげです。経済成長のために農業をないがしろにしてきたツケが、今、食の危険、食料自給率低下という形で、戻ってきています。

ちなみに、農薬や化学肥料を使う農家さんを、私は否定していません。日本の農業従事者は人口の３％です。97％の食べものを作らない人たちは、たった３％の農家さんに支えてもらっています。しかもそのうち3分の2が65歳以上です。除草剤を使わないで、腰をかがめて草を取ってくださいと、私はそうした人に言えません。しかも、日本の食を支える重要な仕事なのに、農家さんは赤字ばかりです。努力が足りないのでしょうか？　米農家さんの一俵（60キロ）当たりの生産費用は現在、約１万７０００円。それに対して販売価格は１万３０００円を切ってきていて、近年下がる一方です。一俵作るごとに４０００円も赤字です。それでも続けてくれているのは、ビジネスだからではなくて、意地や誇りです。何代にもわたって大地を守り、日本人の食を支えてきたという自負心なのだと思います。ご飯一杯分の値段はたった29円と言われます。これで値段が高いというのなら、農業人口、農業従事者の年齢から考えて、日本人はあと10年も経ずに、国産の米を食べられなくなるかもしれません。「もっと農業を大規模効率化して、中国産のお米より安くするべきだ」という意見もあります。これ以上大規模化してお米を安くするために、日本の山を全部削って平らにするのでしょうか。森林の木を全部切って農地にするのでしょうか。もっと、農薬や化学肥料を使うのでしょうか。

こうした状況下で、お百姓さんの現金収入は多くないはずです。にもかかわらず、訪れる人に気前よく大盤振る舞いできることが不思議だったのです。でも少しずつわかってきました。自分自身で農を始めたから気付いたのかもしれません。作物は自然が与えてくれるものです。太陽や空気や水や風がなければ作物は育ちません。人はそれを手助けするだけです。例えば、春に植えた1粒の米は、秋に2000粒になります。2000倍です。どんなビジネスでも、利益を2000倍にすることなどできません。例えば夏のキュウリは、収穫のタイミングを逃すと翌日には2倍に成長してしまいます。一日で利益倍増のビジネスなどありません。たくさん採れすぎてしまったら、腐らせてももったいないので、誰かにあげようと考えるでしょう。お漬物にして保存しようと思うでしょう。食べるものには困らないのだから、食べる以上に採れるものは、「分かち合う」という考えになるのです。

一方、現金収入しかないビジネスマンは、お金がなければ食べものすらも手に入れられず、生きてゆけません。だから、与える文化ではなく、「囲い込む」文化になりがちだと思います。「囲い込む」ことは、誰かと戦い、奪い合うことにも繋がります。誰かに奪われないように、疑心暗鬼になるかもしれません。失う恐怖は、ストレスを生み、自由に生きる選択を狭めるかもしれません。誰でも過去に「分かち合う」ことの喜びを経験したことがあると思います。楽しく、嬉しく、繋がり合う喜びです。しかし、ビジネスオンリーで生きるためには、囲い込むための作業のほうが遥かに多くなってしまうのかもしれません。

「分かち合う」という朗らかな文化を持っていて、安心で美味しい作物を提供してくれるお百姓さんを、私は支えたくなります。とはいえ、彼らの作物を少し高めの値段で買うことくらいしかできないのですが。しかしそうすると、さらに彼らは、私にいろんなものを分け与えてくれるのです。

ここ数年のオーガニックブームで、有機農家および農業法人が増えました。街のスーパーでも有機野菜や有機米を見かけます。しかし、昨今の不況でそうした新規有機ビジネスは苦戦しているようです。巨大マーケットに卸しても、デフレ傾向の中で売れなくなっているからです。

その一方で、想いを持って安心な食べものを作り、直接買ってくれる人を大切にしてきたお百姓さんたちは、不況知らずです。お百姓さんから直接に買う人は、彼らの顔を思い出しながら毎日美味しく食べていることでしょう。たくさんの豊かさを分け与えてもらっているのだから、喜んでお百姓さんにお金を払いたいのだと思います。

保険会社の保険金不払いや、年金の崩壊など、未来に不安が渦巻いています。信頼できるお百姓さんと仲良くなることは、どんな保険よりも安心に繋がる。そう私は考えています。いざというとき、普段から親しくしているお百姓さんは、家族のように迎えてくれるかもしれません。

２００９年正月、大企業に突然解雇された派遣労働者たちが東京日比谷公園の「年越し派遣村」で寝泊まりしました。私も現場に行き、その光景を目に焼き付けてきました。全国からの支援で、一番たくさんの食べものを送ってくれたのは、小さな農家さんたちだったそうです。涙が溢れました。

小泉改革や竹中平蔵氏の市場原理主義政策に警鐘を鳴らし続けた異端の経済評論家・内橋克人さんの言葉が大好きです。「Think Small Fast」。まず考えるべきは、小さい人、弱い人、遠い人。どんな人だって、私だって、明日は我が身かもしれないのですから。

◉いいことは、ねずみ算式で繋げてゆく

一年で一番寒い2月、毎年「手前味噌作りワークショップ」なるものを開催しています。たまＴＳＵＫＩと私の妻との共催です。日本人になくてはならない味噌。実は、大豆、米麹、塩だけで、誰でも簡単に作れます。ワークショップでは、煮込んだ大豆をつぶし、米麹と塩をまぶし、そこに煮大豆を混ぜ合わせて樽に入れる、という作業

までを参加者全員で経験します。あとは次の冬まで寝かしておくだけ。簡単なのです。参加者たちは分量の大豆・米麹・塩を持ち帰り、家に戻ってから再び自分で作ります。実はそこが「味噌」。おのおのの自宅で作ってもらうことに意味があるのです。ワークショップで作った味噌を持ち帰るだけなら、楽ではありますが、作業を覚えられないでしょう。家でもう一度チャレンジするから工程を覚えるのです。家族といっしょに作業するのも楽しいことでしょう。ワークショップの最後に、妻と私が参加者に言い残すことが一つあります。「来年は、皆さんがお友達に味噌作りワークショップを開いてください。材料の調達に困るなら、仕入先をご紹介します。そうやってどんどん手前味噌作り人口を増やしてくださいね」

本来は、味噌も、梅干も、マヨネーズも、ケチャップも、何でも自分で作れるもの。作る楽しさを知ってもらい、それをたくさんの人に広げて、消費主義から抜け出してもらいたい。そういう想いがあるから、ワークショップを開催しています。技術そのものや伝える機会を独り占めしない。参加費で儲けるためにイベントを開催しているわけではありません。

しかし、実は主催者の私たち夫婦には、少々の参加費収入以外にも大きな報酬があります。集まった参加者が体験のために作った味噌。これが我が家の1年分の味噌に化けるのです。私と妻は作り方を説明するだけで、実際に作ってくれたのは全員の参加者。それなのに、参加者の皆さんは、「楽しかった、ありがとう」と言って帰ってゆきます。横着な私の腹黒い魂胆は、まだ誰にもばれていないようです。

翌年に「手前味噌ですが……」と言いながら、参加者ができた味噌を自慢気に持ってきてくれます。その顔の嬉しそうなこと。自分で作った味噌が一番美味しい。それが真実です。作った人の数だけ、世界一の味噌がある。どの家庭にも世界一の味噌があるなんて、素敵だと思いませんか。

たまTSUKIには、飲食店開業という夢を持つ人がたくさん相談に来てくれます。私は「ぜひぜひ、その夢実現してほしいな」と伝えます。「どんなことで苦労しますか」と聞かれると、「苦労なんてないよ、全部楽しいよ」と笑顔で返します。

人は概して苦労話が好きなものです。かつて開業前の私にも、苦労話をたくさん話してくれた人がいました。だから「大変だよ」で話を締める。そんなことを聞かされたら、たいていの人は夢を諦めてしまうでしょう。苦労話をする人は「大変なことをしている自分」というものを作り上げて、人に認めてもらいたいのかもしれません。

私には本当に苦労がありませんでした。好きなことをする過程での苦難は、苦労ではありません。嫌なことをすることが「努力」や「苦労」だと私は認識しているので、夢の開業には、いわゆる「苦労」に当てはまる事柄が一切ありませんでした。

夢追う人には、苦難話をするより、第5章に書いた「ミニマム主義」的なことをお伝えします。**どんな店にしたいのかを聞き、望むライフスタイルを聞き、両者を実現するための売上基準を設けること。その基準以上稼がないことにすれば、おのずと「するべきこと」と「しなくていいこと」が見えてくること。すると夢実現のハードルを下げることができて、具現化しやすいこと。**

話を聞いてくれたお客様は、ホッとするようです。「事業が成功させられるのか」という大きな不安とプレッシャーで、あれもこれもと「やること」のリストだけが増えてゆくものですが、ミニマム主義では「しなくていいこと」が増えて、リストの項目が減ってゆくのです。することが減れば、ゴールが近くに見えます。そして、何よりも安心できる理由は、たまTSUKIが持続可能に成り立っている事実を目撃すること。そして、肩の力を抜いてニヤニヤと楽しそうに暮らしている私のマヌケ顔が、目の前にあること。

私は「たまTSUKI」の多店舗化には全く興味がありません。しかし、私のような小さな店が、日本全国にたくさんできることを夢見ています。「私のような」と書きましたが、たまTSUKIと同じような店ということでなく、**ミニマム主義に基づいて、その人なりの個性が発揮されているビジネスこそが、たくさんできたらいいと願うのです。**

事実、たまＴＳＵＫＩに相談に来てくれた人たちが、どんどん店を出しています。彼らの想いや特技を活かした個性的なお店ばかりです。去年だけでも、確か8店舗くらい。過去すべて合わせたら20軒くらいあるかもしれません。それぞれの店は、順調なところも、苦戦しているところもあるようですが、閉店したという知らせはまだ一軒もありません。少なくとも、〝自立〟〝独立〟〝開業〟したことを悔やんでいる人はいないようです。その証拠に、その後も相談や報告に来てくれる彼らは、とてもいい顔をしています。

夢を追う人が私の知恵を活かしてくれるのなら、これからも隠さず伝えます。その知恵を、次の夢追い人に伝えてもらいたい。もっともっと、たくさんの小さな個人自営業者が日本中に増えてほしい。カッコよく生きる姿を地域の子どもたちに見せてもらいたい。作家の村上龍さんがかつて「今の日本には何でもあるが、希望だけがない」と言いました。子どもたちに希望を見せられるのは、プロのスポーツ選手や芸能人やミュージシャンだけではありません。近所で活き活きと楽しそうに働く〝ダウンシフターズ〟なのかもしれません。

◉ホンモノ同士、小さいもの同士、繋がる

「金は天下の回りもの」と言います。日本では江戸時代から、そうやってお金が地域に

循環してこそ、自分のビジネスにも稼ぎが巡ってくるという共生経済だったようです。「経済」の語源は「経世済民」。本来の経済とは、お金の循環で民を救うことを意味します。

■〝下から上へ〟〝小から大へ〟流れる一方通行のお金

私の会社員時代の後輩Y君は、家業が八百屋さんでした。将来は地元に戻って父の後を継ぎたいと思い、大手小売業を就職先に選んだのです。彼は紳士服売場で活躍していましたが、あるとき「将来のために食品売場に異動したい」と相談してくれたことがありました。その1年後、念願叶って食品事業部に異動したのでした。

私が入社した当時の1990年代半ばは、大店法（大規模小売店舗法）改正に揺れていました。大店法とは「消費者の利益の保護に配慮しつつ、大規模小売店舗の事業活動を調整することにより、その周辺の中小小売業者の事業活動の機会を適正に保護し、小売業の正常な発展を図ることを目的」とした法律です。つまりは、大型店出店の条件に、立地、大きさ、営業時間や営業日数などのルールを設けて、地域の小さなお店をある程度保護していたわけです。ボクシングで言えば、ヘヴィー級選手とライト級選手を闘わせないように階級を分けていることです。ヘヴィー級選手は同じヘヴィー級選手同士で闘いなさい。ライト級選手は同じライト級選手と闘いなさい。という当然のルールです。

この当時はグローバル化が急速に広がりつつある時期でした。私は新入社員のとき、1994年にアメリカ小売業研修旅行に参加する機会を頂きました。ニューヨーク、アトランタ、ワシントン、サンフランシスコの4都市を2週間かけて巡りました。そこで見たものは、どの都市でも同じ大型店舗が、地域の小売を圧倒していることでした。どの街、どの都市、どの田舎に行っても、ウォルマート、オフィスマックス、トイザらス、マクドナルド……などが大きな構えで並んでいます。当時、何も知らなかった私でも、少し変だなと思いました。せっかく4都市も巡っているのに、どこに行っても同じチェーン店ばかりで景色が変わりません。そしてその同じチェーン店を視察して、「どこの地域のどこの店でも同じ運用がされている。素晴らしいでしょ」とスケール・メリットとシステム・メリットを教えられます。各店舗で違うのは、形と面積だけでした。「日本小売業の未来の繁栄も、ここにヒントがあるのです」と研修旅行の学びは締められました。

そんな時代背景の中で、アメリカは1990年に大型チェーン店の日本進出を計画し、日本政府に迫っていました。国内の大型小売業もこれに便乗し、徐々に大店法は緩和されてゆきます。そしてとうとう1998年には大店法は廃止されました。これをキッカケに、日本人は様々な商品を一カ所で買える便利さの向上を得ました。しかし一方で、近所の商店街の小さなビジネスの廃業が日本中で加速してゆくことになりました。ヘヴィー級とライト級を闘わせることを、社会では「自由競争」というようになりました。

食品事業部に異動した後輩が、今から3年ほど前に、たまTSUKIに来てくれました。私の退社以来、久しぶりの再会です。彼は家族を養う歳になっていました。「もう、親父さんの八百屋さんを継いでいるのかい?」と無邪気に私は質問しました。すると彼が苦笑しながら、「近所に大型店の○○○が出店したので、店は閉めたんです」と言います。では今、どこで働いているの? と聞くと、また苦笑しました。「その○○○に再就職しました」。また一つ、世の中から小さなビジネスがなくなりました。

■循環するお金

たまTSUKIが直接仕入れる取引先は、小さな会社や自営業者ばかりです。安心で美味しいものを揃える八百屋さん、国内の地大豆にこだわる豆腐屋さん、オーガニックワイン専門の老舗輸入業者さん、伝統製法の醤油蔵さん、昔ながらの自然酒を造る酒蔵さん、パレスチナの人たちが作るオリーブオイルを輸入する業者さん、フェアトレード専門業者さん、地域興しでお茶を販売するNPOさん、独特の風味の魚醤を造る醤油蔵さん、独自の農法で美味しいお米を育てるお百姓さん、美味しい漬物を漬ける食品加工屋さん。

みんな顔の見える関係です。だから、お金を払うことが嬉しい。できれば、もっと払いたいと思うほど。未来に受け継いでもらいたい伝統製法や、困窮している地域をサポートする事業や、環境に負荷をかけない農法や、地域に愛される商店に、私のお金が役立つことが凄く嬉しいのです。だから、お客様や友人や同業者にもどんどん紹介してしまいます。「直接仕入れて家で飲むほうが当店で飲むより安いから、個人的に発注したらどう？」「飲食店を出すなら、ここの仕入先を紹介するよ」。本来ライバルである近所のお店にすらも紹介してしまう始末です。たまTSUKIの売上が減ってしまうかもしれませんが、そんなことはどうでもいい。いいモノを広げたい。いいビジネスを応援したい気持ちのほうが先に立ちます。

一方で私の愛するお取引様たちも、ありがたいことに「たまTSUKI」を愛してくれます。お節介な私がほうぼうに紹介して、多少なりともお役に立っているのでしょうか。先方も「たまTSUKI」を多くの方に宣伝してくれるのです。お蔭で、各地からお客様が来てくれます。私は初来店のお客様に必ずこう聞きます。「当店を何でお知りになったのですか？」。するとたいていのルートがわかります。話も盛り上がります。集客を口コミのみに頼っていることのスモールメリットです。その中でお取引先からの紹介の方もかなり多い。私が払ったお金が戻ってきている瞬間です。私がアウトプットした情報が戻ってきた瞬間です。そんなとき、お取引様と信頼で繫がっていることを実感し、ジワジワと喜びがこみ上げてきます。俺って幸せだなぁと心底思います。本当に、「金は天下のまわりもの」なことが体感できる瞬間なのです。

その循環で、どっちが得したとか損したとかは、どうでもいいこと。大切なのは、たまＴＳＵＫＩも、お取引先も、互いに持続可能にビジネスが続いていることです。**繫がっている者同士にお金が循環して、みんな、ほどほどの利益が出ていて、それこそが、私にとって嬉しいことなのです。**

「たまＴＳＵＫＩ」にも、大手企業の取引先が一つだけあります。私のような個人経営者にも、とても親切に個別対応してくれていて感謝しています。しかし、その大手企業の紹介で来てくれたお客様は、開業以来、一人もいません。

お豆腐を買いにいったら、「たくさん余っちゃったから持っていって。お客さんに配ってあげてや」。八百屋さんから「この白菜、相場が崩れちゃって農家さんが困っているから、見かねてたくさん仕入れちゃったんだよ。近所やお客さんに配ってあげてね」。そんなふうに、私は買うよりも多くのものを頂くことがあります。嬉しくも、出したものより多く返ってきました。彼らの心意気に、私は次回、どんなお返しをしようかな。

第7章

自給➡自信➡自立➡自由

◉食いぶちは自分でまかなう

少しずつ自分でできることを増やすという私の目標は、今も淡々と続いています。たまTSUKIを開業し、店を存続させてきたことは、料理ができるようになることと、ビジネスを一人でもできるようになることでした。その間、様々な社会活動に携わってきたことも同じ目標の中にありました。大きなプロジェクトの事務局を務めること、大勢の前でお話しすること、文章を書くこと、下手でもいいから楽器を演奏することなど。ただし、したくないことは、しません。依頼されても丁寧にお断りします。断ることでご縁が切れることはありません。誠意があれば大丈夫です。

「できることを増やす」目標の大きな節目にしていたのが、お米と大豆の自給です。たまTSUKI開業の1年後くらいから、知人の田植えの手伝いや、米作りワークショップに参加するようになりました。そして3年くらい前から小さな旅を兼ねて、田んぼ探しを始めました。焦らずゆっくり田んぼとのご縁を待っていたのですが、去年春、千葉県匝瑳《そうさ》市に私たち夫婦が理想とする田んぼを見つけ、お借りすることができたのです。

お借りするといっても、通常は簡単にいきません。土地の持ち主や農家さんと信頼関係ができなければ難しいでしょう。不動産情報でも田んぼや畑付き一軒家の物件はありますが、賃貸でも購入でも相応の値が付いています。しかし、日本中で田んぼや畑が余っていることも事実です。農政の失敗、農業従事者の高齢化、効率偏重主義など、様々な理由で田畑が放置され、荒れ果てていきます。こうした様は、地方への旅で田畑を見ながら歩けば、素人にでもわかることです。このまま放置してしまったら、野生に戻ってしまいます。そうなったとき、再度農地に戻すことは困難です。放置されている田畑は、利便性の悪いところほど多くなります。平野より山側、大きな面積より小さな面積、道路に面していない場所、などなど。今後、企業が農業に参入するようになったとしても、そうした場所には手を出さないでしょう。

しかし、自給農を目指す人には、山に近い田畑、小さい面積、利便性の悪い奥まったところは、魅力的です。他人の目を気にせずに自由な方法で耕し、適量を作るのに好ましいからです。そうした田畑を探す場合、農家さんや農に関わるＮＧＯなどと交流を持つと、どんどん情報が入ってきます。土地の持ち主や農家さんは、信頼できる相手であれば荒れ果ててゆく農地を貸したいのです。先祖代々守ってきた農地が山野に戻ってしまうより、誰かに使ってもらったほうが助かると考えるのは当然です。信頼関係を築く時間さえあれば、農地を借りる条件は目の前にあります。

私たちも、耕作放棄されている田んぼをお借りしました。賃料はかかりませんでした。収量の一部をお礼代わりにお渡しするだけです。こんなありがたいお話はありません。田んぼを管理しているAさんは、里山活動を主宰しています。彼の住まいを兼ねた施設には、トイレや休憩室や広場もあり、自由に使わせてもらえます。農機具も揃っていて自由に利用できます。里山活動には近隣の農家出身の方たちもたくさん参加しているので、農作業の基本的なことも教えてくれるベテラン揃いです。最高の条件を備えた田んぼを見つけることができました。これだけ素晴らしいご縁を頂いたことに、私はどう恩返ししてゆくか考えているところです。Aさんをはじめ、里山活動されている方々に、心より感謝しております。

こうしてお借りした小さな田んぼに稲を植え、畦に大豆を蒔《ま》きました。米と大豆は日本人に欠かせないもの。米は主食のご飯になります。大豆は日本食を支える味噌と醤油に変化して、食を豊かにしてくれます。調味料としての役割だけでなく、発酵食作りの必需品でもあります。納豆、豆腐、枝豆も大豆です。肉を減らしたときの貴重なたんぱく源にもなります。

この二つのアイテムを自給できれば、何があっても生きることができるわけです。

そして、ダウンシフターズにとって、自給は大きな自信になるだけでなく、手段にもなりえます。食費が減らせるので、低収入でいくことが可能です。低収入でいいなら、仕事の選択肢が増えます。好きな仕事をしやすくなります。

さて、素人が本当にお米を作れるのだろうか。そんなふうに思われるかもしれません。事実、私もそう考えていました。しかも無農薬・無化学肥料となれば、なおさら大変と考えて当然です。

冬期湛水《たんすい》・不耕起栽培という農法があります。字の如《ごと》く、田んぼに冬の間も水を溜めて、一切耕さない、という農法です。通称「冬水たんぼ」と言います。今までは異端な農法ということで追いやられていましたが、トキの放鳥ニュース、エコブーム、持続可能な農業や自給農への関心の高まりなどで、昨今では徐々に知られるようになってきました。雑誌で取り上げられたり、NHKで特集されたりしています。この農法は、常識と真逆の行いが、その常識や慣行が生み出した問題を解決するという点で、面白いのです。経済成長を目指すことが原因で、人々が不幸になっているというパラドックス社会に対しての、大きなヒントにもなります。

お百姓さんは通常、どれだけたくさん土を耕したかが評価になります。耕さない横着なお百姓さんは「惰農」と言って笑われます。冬、水を溜めるというのも非常識です。近代農業では、春から夏の終わりまでしか農業用水が配水されないため、冬は水を抜いている状態になっているからです。冬期湛水・不耕起栽培は、通常の農業と百八十度違う、まるで逆のやり方なのです。

私たちが目指したのはこの農法でした。いくつかの理由を挙げましょう。

・美味しくて、栄養価の高い米ができる
・冷害や台風などの天災に強い、害虫にも負けない
・動植物が豊富に生息できる、生態系が豊かになる
・温暖化の原因になるメタンガスを出さない
・耕運機などの機械をつかわないので、石油エネルギーが不必要
・作業量が少なくて簡単

こんな都合のいい農法があるのかと疑問が湧くほどに、いいことづくしです。実際に私も作れましたから実証済みです。簡単に説明したいと思います。

冬に水を溜めると、たくさんの微生物が繁殖します。すると、水と微生物を頼りに、たくさんの虫類、動物も集まってきます。例えば蛙は、数キロ先から水の匂いを察知して遠征してくるそうです。生きものたちはたくさんの排泄物を出します。一冬の間

に排泄物の層が数㎝になります。これを「トロトロ層」と言います。指を差し込むと、本当にトロトロしていて気持ちいい感触です。このトロトロ層は、非常によい肥料になります。農薬や化学肥料を買わずに済むし、堆肥を作る必要もありません。土にはたくさんの植物（雑草）の種が眠っていますが、水を張ることで陸上植物の発芽を抑えることができます。水中植物の種も、トロトロ層に覆われているために発芽することができません。よって、雑草が極度に少なくなるため、草取りの回数が減らせます。田植えから稲刈りまでの間に、2～3回も草を取れば充分です。こうして冬に水を張ることで、雑草対策の手間と、肥料が不必要になりました。

通常の田んぼでは春の田植えまでに、乾いた土を数回にわたって掘り返します。土を軟らかくしたり、雑草を抑制したり、乾いた土の酸化（栄養分の放出）を防いだり、土壌改良に化学性のものを混ぜやすくするなど、理由は多々あります。このような耕起で、雑草や刈り取られたままにしてある稲株は、土の中に鋤《す》きこまれます。土中のそれらは、腐って濃度の高いメタンガスを発生させます。マッチで火を灯せばボッと燃えるほどです。このメタンガスは、温暖化を促してしまう強力なガスなのです。

冬に水を溜めると、土を軟らかくする必要もない、雑草も出ない、土の酸化による栄養分損出がない、化学物質を投入する必要もない。不耕起なので、メタンガスは出ない、耕運機に出番がないので動力の石油もいらない。温暖化に寄与せず、生態系を豊かにして、人の作業量を減らしてくれるのです。

春に田植えした稲はトロトロ層から根を出し、その下の耕されていない固い土へと伸ばしていきます。固い土に根を伸ばしてゆくからこそ、たくましく育つのです。それは野生化した稲。根の大きさは、通常の稲の2倍以上になります。根が大きく育てば、茎も太くなります。太くなった稲は、台風や冷害や害虫などにも強くなります。去年、私たちの田んぼを台風が2回直撃しました。周りのプロ農家さんの稲は倒れてしまいましたが、素人である私たちの稲は、倒れずに立ち続けていました。そのたくましさに感動したものです。こうして育った稲は、一株当たりの籾の数が2500粒を超えるものもありました。通常は1800から2000粒です。さらに一粒一粒も通常のお米より大きいのです。これだけ元気な稲、味がまずいわけがありません。本当に美味しいお米になってくれました。

収量はどうでしょうか。通常の農業では、一反当たり9俵くらいのお米が取れます。有機農業だと、もう少し減ります。谷津田《やつだ》という条件だと、7俵と言われます。谷津田とは、山の谷間の田んぼです。両側が山に囲まれて木に覆われているため、日照時間が少ない分、収量が減ります。しかし、落穂が田んぼで肥料になることや、山から流れくる水は栄養価が高いことなどの様々な理由で、美味しいお米になります。だから昔の人は、谷津田の米を好んで買ったそうです。

私たちの田んぼは谷津田にもかかわらず、反当たりで算出すると8俵も取れました。先述の収穫量基準からすれば、凄いことです。私自身も驚いています。

冬期湛水・不耕起栽培は、なるべく人の手をかけず、自然界の力のままに育てる農法です。森に行くと、たくさんの植物や木が生い茂っています。しかし森で誰かが耕したから植物が育ったのではありません。自然は、自然のままに育ちます。耕すことは、本来、不自然なことなのかもしれません。

自然農で作られた野菜は、時間を経ても腐りません。自然界では、例えば樹々から落ちた葉っぱは腐らずに、カサカサになって土に戻ってゆきます。自然農の野菜も同じです。白菜やホウレンソウなどの葉物は、黄色く枯れてゆきます。ニンジンなどの根菜は、しなびてゆきます。**ところが通常の野菜は、とろとろに腐ってゆきます。**匂いも強烈です。腐る野菜と、枯れてゆく野菜。間違いなく自然農の野菜のほうが、健康に寄与するでしょう。お米も同じです。食べたものが身体になります。私が思うに、人間も加齢とともに枯れてゆくのはカッコいいのですが、腐ってゆくのはちょっとイケテないですね。

冬期湛水・不耕起栽培のお蔭で、私たち夫婦と息子の3人分のお米を、約1年分自給するに至りました。手間もかからず、楽しい作業です。そして、とっても美味しい。本当に感動です。

大豆は、田んぼの畦《あぜ》に30㎝間隔で種を植えるだけでOK。昔の人も、畦で大豆を作っていたそうです。それだけで枝豆、納豆、味噌を自給するくらいの収穫量が確保できます。農において、大豆と稲は相性がよいのです。味噌も、醬油も、納豆も、豆腐も、お豆料理も、ご飯に相性のいいおかず。農と食文化が密接なことに、初めて気付きました。

考えてみれば納豆は、稲の藁に大豆を包んで作ります（今、そういう作り方をしている納豆製造会社は、日本に1社しかありません。たいていは培養した納豆菌で作ってしまいます）。藁をゴミにせずに利用して、美味しい発酵食品にする。凄い知恵ですね。

こうして私の自給の夢が実現しました。もし仮に、たまTSUKIが廃業したり、天災に襲われて生活インフラが機能しなくなったときでも、食いぶちを自分でまかなうことができます。日本人にとっては、米と大豆を作れることがまさに、事実としての「自立」かもしれません。天災や経済危機があったとき、お金は頼りになりません。1992年のイギリス・ポンド危機、1997年のアジア通貨危機、1998年のロシア通貨危機、2002年のアルゼンチン通貨危機などを見ればわかります。記憶に新しいアルゼンチンの危機では、銀行は「取り付け」を避けるためにシャッターを下ろし、一般人はお金を下ろせませんでした。スーパーインフレが起きて、紙幣は紙切れ同然になりました。暴動が街中いたるところで起きました。そうした映像をテレビで見た方も多いでしょう。アメリカのドルや日本円だって、今や常に暴落する可能性をはらんでいます。ドルに何かがあれば、今よりもひどい世界的危機が来るかもしれません。そうならないことを祈りつつ、防衛策のためにも、地域に循環する関係性と経済を作ってゆきたいですね。

粋な昭和のヒーローとして昨今人気の白洲次郎。戦前戦後の混乱期に内閣参謀として活躍し、GHQ要人たちに「従順ならざる唯一の日本人」と言わしめた彼は、実業家としても様々な分野で力を発揮しました。そんな白洲次郎も、太平洋戦争中は時代を見越して農を始めました。ご近所さんの家々の玄関先に自分で育てた大根を無言で置いて去ったという逸話、超カッコいいと思うのは私だけでしょうか。

◎「半農半X」で、好循環スパイラルに

京都府綾部にお住まいの塩見直紀さんは、「半農半X」という言葉を作りました。「半農半X」のエックスには、「自分の天命なる仕事」を当てはめてほしいという想いが込められています。今の私の場合なら「半農半〝呑み屋のオヤジ〟」でしょうか。執筆が好きなら「半農半著」。絵が好きなら「半農半画」。歌い手さんなら「半農半歌手」、NPOで働くなら「半農半NPO」。仕事に応じて様々な造語が可能でしょう。半農半Xの〝X〟に好きなことを入れて、それを仕事にする。米や野菜や大豆を自給しているなら低収入でいいのですから、もう雇われる仕事を選択しなくてもいいでしょう。

都会に暮らしていると家賃も生活費も高いし、外食や中食《なかしょく》（お弁当やお惣菜を買って食べること）に依存しがちになるし、モノへの消費の誘惑も絶えません。ついつい湯水のようにお金を使う生活になります。地方に移住すれば、都会より広い家を安く借りられるし、食べものの店が少ない分だけ外食や中食が減って自炊率が高まるし、モノに踊らされるような誘惑も少なくなって浪費が減るでしょう。モノやサービスを買わなくても、食べものを自給して、自分で作れるモノが増えれば、収入を減らして

も充分に暮らせます。私の感覚で言えば、半農生活なら都会での生活費の半分で大丈夫でしょう。そこにミニマム主義の考え方を使えば、小さなビジネスで暮らしが立ちます。例えば、子どものころにサッカー選手になることを夢見ていた人は、地方に移住して半自給できれば、子どもたちにサッカーを教えることで生計が立つかもしれません。例えば、都会では画家としての収入だけで生活できなくても、地方で半自給すれば可能かもしれません。例えば、親子同士や夫婦同士で得意を組み合わせていっしょにビジネスを起こすことも楽しいでしょう。

手段として農に取り組んでも大変だし面白くない、と思うかもしれません。しかしながら、実はその逆です。農作業は実に楽しいものです。土に触れることは大きな喜びになるでしょう。そしてその果実は〝X〟にも還元されることでしょう。

私は素足で田んぼに入ります。泥に足を踏み入れたとき、理屈でなく、自分が土から生まれてきたのだと五感が感じてしまうのです。足元にはたくさんの虫たちが活き活きといのちを謳歌しています。空中にも様々な昆虫が自由に浮遊し、空高くには鳥が羽を広げて舞っている。樹々を揺らして風が渡ってきます。その風は、緑の稲を波のように揺らします。私はその波の中に浮かんでいる。太陽の日差しが降り注ぎ、田の水がそれを反射して、あたりすべてが輝いている。そんな経験から来るインスピレーションは脳を解放してくれて、必ずや〝Ｘ〟である「好きなこと」や「仕事」に反映されることになります。

普通は辛いと思われる草取りも、瞑想《めいそう》や哲学の時間に変わります。オフィスの机や、パソコンの前や、コンクリートに囲まれている中では、こうした至福の時間は生まれません。自然界の音は、時間に色を添えます。それは心地よいＢＧＭ。鳥や虫の音、風の流れる音、樹々の枝や葉が揺れて擦れる音、虫や動物の動きに伴う微音、流れる水の音……ｉＰｏｄはもういりません。

もくもくと進める作業の中で瞑想・哲学することは、多くの気付きや学びを得ることに繋がります。私たちの田んぼには、たくさんの友人やお客様が手伝いに来てくれました。特に開墾は、重労働です。10年近い休耕田では、雑草の根が１ｍ四方にまで広がっているものもあります。不耕起を目指すといっても、まずは大地を田んぼに戻す作業として、それらの巨大な雑草を取り除く開墾が必要なのです。鍬《くわ》を振り、スコップを踏み込み、腰をかがめ、泥だらけになり、汗がしたたり落ちる。そんなヘヴィーな作業を何時間も続けていた参加者の一人が、汗をぬぐいながら嬉しそうに言いました。「草の根っこを取り除く作業は、今抱えている仕事の問題と似ています。凄く根が深い。表面だけ草を取り除いても、根っこが残っている以上、また草が茂ってくる。根の周りを奥深くまで掘って、何人もの力で引き抜かなければ、問題解決にならない。同じように、いくつも抱えている仕事の問題に対して、上っツラだけで対応しても駄目なんだ。真剣に向き合って根本解決しなければ、同じ問題をまた繰り返してしまう」。彼だけでなく作業していたみんながそれぞれ、自分の内側にコミットしていたようでした。

私たち家族のための田んぼ開墾に重労働を強いられた参加者たちは、帰り際に誰もが「いやぁ、楽しかった。手伝わせてくれて、本当にありがとう。また次回もやりたい」と言いました。私に誘われたばっかりに、貴重な休みが犠牲になり、普段の出勤時間より早起きし、高い交通費を自分で負担して、泥にまみれて身体を酷使し、傷まで
こしらえて、一日を終える。そんな犠牲者たちが、最高の笑顔で私たち夫婦に感謝してくれるのです。私はまるで詐欺師。自分の田んぼを他人に無償の重労働で開墾させた上に、彼らから感謝までされる。私こそ手伝ってくれたみんなに、大きく、大きく、感謝しています。

田植え、草取り、稲刈り、天日干し、脱穀の作業に至るまで、大地は私たちの心に大きな恵みを与えてくれます。収穫の喜びと、それを食べたときの美味しさ、そして生きることへの安心感は、一度経験したら最後、もうやめることはできなくなるので

す。

私に奴隷のように重労働を課された皆様のうち、今年から7組が懲りずに自らも田んぼを始めました。私たちの田んぼの周りにあった荒れた休耕田が、冬期湛水・不耕起の田んぼに蘇《よみがえ》ってゆきます。各組は、彼らの仲間を増やして開墾しています。田んぼもネズミ算式に広がってきました。みんなが日々の仕事から解放されて、生きる喜びを得てくれたら、私の幸せ100万倍です。こんなふうに、日本中で荒れつつある田んぼや畑が再生して、人々が元気になれば、好循環スパイラルになって様々な社会問題も解決の方向に向かっていきます。自給率向上、食の安全、就農機会の創出、限界集落の再生、過疎化対策、都会から地方への人とお金の流れと双方の結びつき、里山の再生保全、生物多様性の復活、地域資源の見直し。結果として、山も川も海も空も綺麗になってゆくでしょう。そして何よりも嬉しいのは、人々が元気になることです。〝幸せは、「なる」ものでなく、「気付く」もの〟。〝more & more〟の「ないものねだり」渇望社会から、〝less & less〟の「あるもの探し」充足社会へのシフトが起こっていくかもしれません。それが私の大きな夢です。

◉今こそ、低所得で行こう——田んぼの実践から希望を見る

素人でも米と大豆が自給できることを、私の実践を通してお話ししました。今度は

この経験を土台にして、ミニマム主義的な考えで社会を見回してみたいと思います。

私たちの自給工程は、一時的な大作業を除いて、基本的に夫婦２人だけで可能でした。田んぼの広さは約３畝《うね》の３２０㎡（約７ｍ×約45ｍ）。ここから１５０キロのお米が取れました。日本人一人当たりの年間のお米の消費量は約60キロです。２・５人分のお米が作れたことになります。この広さの田んぼで草取りをすると、２人で２時間です。瞑想や哲学するには、ちょうどよい時間だと思います。不思議なことに、田んぼに行く前に夫婦喧嘩をしていても、作業後には仲直りしています。夫婦や家族が不仲の方には、田んぼ作業をおすすめします。話を戻します。米作りの作業日数は田植え、草取り、稲刈り、脱穀などのすべてを含めて合計20日くらいです。たった20日です。２時間（田んぼが進化した２年目の今年は40分）で済む草取りも、１日として換算しています。ちなみに大豆の栽培は田んぼの畦に植えて行うので、若干の作業量が増えるだけで負担になるほどではありません。一年３６５日のうち、たった20日で米と大豆が自給できるのです。たまＴＳＵＫＩは現在、週休２日です。正月と夏休みに９日ずつ休みがありますし、他にも旅のためにもう一回９日の休みを取ります。すると、年間で１２０～１３０日くらいの休みがあるわけです。一部上場の企業では、それくらいの休日数があるでしょう。その休みのうちの、たった20日だけを使えば、米と大豆を自給できることに驚きが隠せません。

今、日本全国で、埼玉県の広さに匹敵するだけの農地が使われていません。その広さは約38億㎡。国土の1％の面積に相当します。一説によると、国土の3％を占める岐阜県の広さの遊休農地があるとも言われています。ここで仮説を承知で、ちょっと荒っぽい計算をしてみます。全国の使われていない遊休農地で、私たち夫婦のような自給志向の人が農を始めるとしたら、何人が従事できることになるでしょう。

38億㎡（埼玉県の面積に匹敵する遊休農地）÷160㎡（自給に充分な私たち夫婦2人の田んぼ面積320㎡を、一人換算にすると160㎡）＝2375万人

何と、約2400万人が自給できるのです。

日本の総労働者数は、概して6000万人と言われています。そのうち非正規雇用者は約3分の1です。単純計算で、約2000万人が雇用不安定な低収入にさらされている可能性があります。この数字以外にも、ニートの方々、職探しを諦めた方々、ホームレスの方々もいることでしょう。

仮に、2000万人全員が自給を目指すとしても農地は足りることになります。まだ400万人分相当が余ります。

この計算や考え方は、強引で無理があります。それを承知で私がお伝えしたかったことは、「希望」です。

今の巨大な経済システムから、好むと好まざるとを別にして、もしもドロップアウトせざるを得ないとしても、半自給しながら生きてゆくことが可能だということ。低収入で生活が可能であれば、個性や好きなことを活かして仕事にできるかもしれないこと。地域に根ざし、人と繋がることで、それが可能になるかもしれないこと。そんな一人ひとりの暮らしが、ローカリゼーション的な持続可能社会を作ってゆくのだということ。その変化は、現在の巨大システムの問題点を解決しながら、好循環スパイラルに世界を変えてゆくであろうこと。

そして何より、農的ライフは、楽しくてたまらないこと。一人ひとりの自給力が向上すれば、おのおのの未来への不安はなくなること。大きくて変えがたいシステムに右往左往する必要がなければ、永遠と思っていた「自分探し」が終わること。結局は一人ひとりが、微力なりとも未来社会を変えてゆくのだということ。

こう考えることができれば、会社に勤めながらも〝ダウンシフトすること〟を恐れる必要はありません。会社を辞めても〝大丈夫〟という根拠になるかもしれません。大きなシステムを降りても〝何とかなる〟という自信になるかもしれません。

田んぼの泥に足を入れたら、そんな〝希望〟が見えたのです。もしアナタがこの社会をおかしいと思っているなら、もし私と同じ希望を感じてもらえるなら、まずはベランダの鉢に種を蒔いてみませんか。そのときから社会が変わり始めるのかもしれません。

第8章

システムから降りる

◉〝就職すること〟から降りる

私は、大学卒業の後に入った大手企業での仕事を捨ててしまいました。そして呑み屋のオヤジになりました。大学までの学費を出してくれた両親の、「何のために大学まで出したのか」という言葉には、何も答えることができませんでした。

昨今、大学を出ても就職が困難な時代になりました。それでも、安定した大企業への就職を目指す学生が大半です。以前、立教大学文学部の学生さんに「自立」をテーマにした授業をする機会を頂きました。900人近くの受講生に私は聞きました。「企業に就職を考えている人?」。すると、ほぼ全員が手を挙げました。「将来が不安な人?」との質問にも、ほぼ全員が手を挙げました。「企業に就職できたら将来が安心だと思う人?」との質問には、ほとんどの人が手を挙げませんでした。「将来に夢がある人?」の質問にも数人だけしか手が挙がりませんでした。こうした一連の質問で、企業に就職しても不安なのに、企業に就職することしか道がないと考えている学生がほとんどであることがわかりました。そんな消極的選択である企業への就職すらも、3~4割の学生が枠から溢れて、フリーターや派遣労働を選択しなければならない経済情勢です。

企業に就職することで、挨拶などの初歩的な人間形成や社会勉強にはじまり、様々な経験を積むことができます。私も会社勤めの経験があるからこそ今があることは間違いなく、勤めていた会社に感謝しています。それを伝えつつも、あえてこう言いました。〝就職することは、会社に生活を依存しきってしまうことかもしれません。就職＝「自立」ではないかもしれないですよ〟。

学生さんには酷だったかもしれません。多くの学生は、飲み屋になること、八百屋になること、大工になること、キコリになること、漁師になること、百姓になることを、あまり選ばないのではないでしょうか。最高学歴ゆえに職業選択の自由を狭めてしまうこともあるのです。先日私の店に就職相談に来た大学生は、「食の道に進みたいから小さな飲食店で働きたいのだけれど、親とゼミの先生が納得してくれない」と嘆きました。彼女はしかたなく、大手の食品会社を探しています。

そもそも、「職業を選ぶ」＝「企業に就職する」というのが、何だかおかしいと思います。企業に入ってする仕事とは何でしょうか。人事？　経理？　販促？　広報？　営業？　研究開発？　ロジスティクス？……それとも主任？　係長？　課長？　部長？　社長？……何をやるようになるのかわかりません。そうした会社都合で、部署も、配属先も、役職も、仕事内容も、決められてしまう。それに準じて自分の生活を合わせねばならない。システムに合わせて自分を調整しなければならないことは、苦しいことだと思います。

新聞（2009／12／30東京新聞9面・経済欄）で、公認会計士合格者の3分の1は就職先が決まらないと報じていました。日本で一番合格が難しい資格に受かっても、就職できない人がたくさんいるという時代になりました。

今の私は、自分で仕事を作り、過去の経験を活かすことも寝かしておくこともできます。将来を自分自身で選択できることは幸せです。

◉〝医療システム〟〝年金システム〟から降りる

先に書きます。年金、ちゃんと払っています。払うことが義務だからですが、**私の払う目的は、自分の老後のためというよりは、今必要な人たちのためにです。**

会社を辞めた理由の一つに、60歳で定年退職させられてしまうということがありました（昨今の社会情勢では、60歳までの在職自体が危うくなっていますが）。死ぬまで働けることこそが幸せであり、健康であるための条件だと思ったのです。付け加えれば、〝好きなこと〟で死ぬまで働きたいと考えたからです。私が65歳になったとき、本当に年金は貰えるのでしょうか？　払った年金は、どこに運用されて、どれだけ損失を出しているのでしょうか？　まさか、先物などのデリバティブ（金融派生商品）

取引で世界中を巡って、損失を出しているのでは？　決して、政府、社会保険庁、お役人さんの是非を問うているのではありません。誰だか知らない人や、親しいわけでもない大きな組織に、自分の老後の運命を任せてしまうことが怖いと思うのです。だから、年金システムを当てにするのはやめて、細々とでも一生楽しく働くことを、私は選びました。

健康保険も払っています。しかし、近代西洋医療がすべて正しいという前提や、化学薬品を頻度高く使用する医療システムには、疑問だらけです。

私は10年以上薬を飲んでいませんし、病院にも行っていません。軽い病気は自力で治します。食べものが体を作るのだから、化学物質が多く含まれるような食品をなるべく避け、伝統的な発酵調味料、自家製の味噌や梅干、自給の米や大豆、信頼できる知り合いの農家さんや八百屋さんから仕入れる野菜や漬物、信頼できる親しい蔵の酒、そうしたものを飲食の中心にしています。なるべくストレスのない考え方や働き方をしています。

それでも病気や怪我をしたならお医者さんに頼るつもりですが、他の代替医療（保険対象外）を頼る選択肢も多種持ち合わせています。

当店のお客様のKさんにあった実際のお話をしましょう。Kさん家族は、伝統的製法で作られた化学物質の入っていない発酵食品を普段から食べています。そんなKさんがお子さんの保護者会で外食した際、そのお店で食事をした人が皆ノロウイルスに感染しましたが、彼女と息子さんだけは異常が出ませんでした。不安に思い、念のために病院で検査すると、やはり腸内にノロウイルスがいたのです。しかしながら、異常は出ませんでした。普段から発酵食を通じてホンモノの菌を体内に入れているから、多少のウイルスが体内に入っても問題なかったようなのです。私も自身の経験から、普段からホンモノの発酵食を食べ、清潔にしすぎないようにしていれば、新型ウイルスも怖いものではないと思っています。殺菌、抗菌、滅菌といった排除の思想ではなく、共生の思想です。

普段から免疫力を高める生活を心がけ、自分の体は自分で管理するのがベストです。現状のシステムのように、患者さんが増えれば増えるほど、手術をすればするほど、薬を出せば出すほど、医療業界が儲かるシステムでなく、**患者や病気が減ってこそ医療機関やお医者さんが儲かるシステムになったならいいと思います。**国民皆保険で皆、健康保険料を払っています。だったら、病気になったら無料で診察してもらえるシステムにすれば、医療機関やお医者さんは病人が出れば出るほど儲からないので、予防医療を心がけるようになるでしょう。**予防医療はコストがかかりません。国の医療費予算も少なくなるし、病人も少なくなるし、お医者さんは儲かる上に尊敬されるよう**

になるでしょう。

◉〝時間の束縛〟から降りる

街で困っている人を見て、見過ごす自分が嫌いでした。駅の階段でベビーカーと荷物を抱え、どう上ろうか困っているお母さん。道に迷っている目の不自由な人。言葉が通じなくて困っている外国人。疲れてしゃがんでいるご老人。道で倒れている人。泣き崩れている人。私はそんな人を見かけて、たいていの場合、見て見ぬフリをして通り過ぎていました。そのすぐあとに、声すらもかけなかった自分に嫌悪感と後悔が走ります。そしていつもの「しかたない」で片付けるのでした。急いでいるから、時間がないから、約束があるから、厄介なことに巻き込まれたくないから、他の誰かが助けるだろうから。そうやって言い訳していました。

1995年1月17日に起こった阪神・淡路大震災のときも、微力でいいから何かしたいと思ったのに、何も行動しませんでした。仕事に穴をあけられないという言い訳をして、行動しなかったのです。今考えれば、会社を休んで現地に行かなくても、できることはたくさんあったでしょう。それなのに言い訳を口実に、調べることやできることを放棄して、何もしなかったのです。そのトラウマをずっと持ち続けていました。

会社を辞めて、管理されるシステムというものから私は降りました。フリーターで働いているときも、飲食店を営んでいる今も、約束やルールや時間にある程度は拘束されます。しかし、自分の行動の責任は自分で取れるようになることが自由人なのかもしれません。金沢時代、困っている人を手助けして、バイトに遅刻したこともありました。昨今も同じ理由で、店の開店時間に間に合わずにお客様に迷惑をかけてしまったこともあります。でも、行動しないで自分の心に嘘をつくよりはいいと思います。正直に行動したことによって失ったものも、自分が責任を取ればいいのです。

私は特別に親切な人間ではありません。ヒーローになりたいのでもありません。困った人を見過ごす自分が嫌なのです。**自分の時間を自分の責任で自由に配分できるようになったから、やっと素直に行動できるようになったのだと思います。**

困っている人に声をかけたり、倒れている人に手を貸したり、重い荷物を運んだり、道案内したとき、「ありがとう」という言葉や笑顔を貰うと、生きていてよかったなあって、心から晴れやかな気分になります。そんな幸せをたくさん貰えるようになりました。システムから自由になったご褒美です。

◉巨大市場から降りる

私はなるべく巨大資本のお店で買い物も外食もしないようにしています。自動販売機、コンビニ、チェーンの飲食店、大型スーパー、百貨店などなど。理由は三つ。

①私が払ったお金が、どう流れてゆくか見えないから
②私が買っても買わなくても、大企業には大きな影響はないから
③マニュアルで「アリガトウゴザイマス」という店員さんに、感じるものがないから

ビール買うなら小さな酒屋で、野菜買うなら小さな八百屋で、豆腐買うなら豆腐屋で、肉を買うなら近所の肉屋で、コーヒー飲むなら小さなカフェで、酒を飲むなら一人で営むオヤジの店で。

信頼している小さな個人経営のビジネスに払った私のお金は、アマゾンの森を伐採することに使われないでしょう。軍需産業に投資されたりしないでしょう。児童労働に帰さないでしょう。仕入先に対して無理な条件を押し付けて暴利を貪《むさぼ》ることに寄与しないでしょう。近所の同業者を買収するための資金になったりもしないでしょう。

私が望まない方向にお金が流れないようにするためです。

おそらく、私が信頼して払ったお金は、店主の子どもの教育費や、ちょっと贅沢な

食事や買い物に、もしくは、もっと信頼できる商いへの投資になるかもしれません。悪いほうへ使われたとしても、せいぜい店主が街のパチンコ屋ですってしまう程度のことでしょう。どうせお金を使うなら、そういう顔の見える関係に払うほうが楽しい気持ちいい。

私が払ったわずかなお金は、小さなビジネスにとっては大きな意味を持ちます。そうだとしたら、経営主はお客様にマニュアル的な棒読みで目も合わせずに、「アリガトウゴザイマス」とは言わないでしょう。

◎人生の節目も、システムにとらわれない

■結婚

2008年8月、私は妻と結婚パーティーを開きました。会場は海の家。どこかの結婚企画会社にお願いしたのでなく、すべて自分たちで考え、お願いする人々にゼロから交渉を始めました。海の家のオーナーに、オーガニックの複数の料理店に、御神酒《おみき》を酒蔵に……。自分たちですべてを用意した手作りのパーティーです。必要ないと判断したものは一切を省略しました。参加者の200人には、泳げるカッコで来てもらうことをお願いし、招待した友人の家族や恋人にも自由参加してもらいました。不

況で忙しい昨今、家族旅行や海水浴もしていない人たちに、私たちのパーティーを口実にして団欒《だんらん》の場にしてもらいたかったからです。司会も受付も自分たちで行いました。スピーチを少なくして、歌や出し物を多くしました。通常の結婚式ではありえない、変なパーティーだったことでしょう。

そこまでなぜこだわったのか。最大の理由は、参加者と私たち双方が楽しめるパーティーにしたかったからですが、他にも多種ある目的の一つに、お金をかけなくても結婚パーティーができることを示したかったことがあります。これから低収入社会に向かう中で、「お金がなくて結婚できない」もしくは「披露宴ができない」と考えざるを得ない社会に対して、お金をかけない実践と希望を見せたかったのです。

式場を探す考えは、最初からありませんでした。引き出物、衣装、料理、企画進行、旅行、……何もかもをお金に換えようとする結婚ビジネスが、肌に合わないようです。こんな私を理解してくれた妻に感謝しています。ちなみに参加費は一律7000円。少しだけ黒字になってしまいました。参加者の皆さん、ありがとうございます。パーティーで述べた冒頭の挨拶の一部を、ここに書いてみます（次ページ）。

私達のテーマは、

食・農・自然エネルギー・脱消費・自給

「ファストからスローへ」

そして「スピリット〜楽しく好きに生きること」

つまりは、「もっともっと」より

「より少なく」の「引き算」型ライフスタイル。

今日のパーティーも余計なものを引き算して減らしていったら、

会場の屋根も床も壁も冷房も、私のシャツの袖も彼女の化粧も、

結婚式のしきたりすらも、全てなくなってしまいました。

誠に申し訳ありません！

そのかわり、空・太陽・雲・風・海・波・山・緑・砂・大地と共に、

唄や踊りやスローな時間が蘇り、

参加者のみなさんとの繋がりがここにやってきました。

金やモノだけではハッピーになれない……。

本当にハッピーなことは、

自然と人との繋がりあいだと思います。

■子育て

子どもの教育費を考えると、自分の好きな生き方を選択できないという方が多くいます。本当にその通りだと思います。しかし、オルタナティブなパターンも存在します。たまTSUKIには中学校すら出ずに大人になったお客様が数人います。農で完全自給をしている家庭のお子さんに多いのですが、彼らはあるときから自分で学ぶ力を備えていって、独学で多くを学び、たいていが20歳前に独り立ちし、海外に一人旅をしたり、自分らしい生き方や職業に向かって邁進しています。大人たちを前に講演会でお話しするような17歳の女性もいました。米と野菜の栽培、家畜の世話と解体、炭焼き、大工作業、パン作り、家事、何でもできます。こんなお話をすると、「それは例外だ」「学校に行かせないで子どもの可能性を潰したくない」と言う声が聞こえてきそうです。私も一面でそう思います。

しかし残念ながら、もう過去の経済システムや雇用システムは終わろうとしています。いい学校を卒業したからといって、いい会社に入れるわけでもなく、仮に入れたとしても終身雇用が約束されるわけでもありません。日航も破綻しました。世界に誇るトヨタですらも、どうなるかわからない時代に突入しているのです。この章の冒頭に書いたように、学生たちは迷っています。企業への就職しか選択できないのに、その就職後も不安だというのです。そのために、なぜ親は、子どもをいい大学に行かせねばならないのでしょうか？

大学まで出させて子どもの選択を奪わないようにするというのは、15年くらい前までは真っ当な考えだったと思いますが、これからは違うと思います。子どもが大学に行きたいのなら、そうさせるべきでしょうし、そうでないなら、行かせる必要はないでしょう。行きたいなら、奨学金でも行けます。大人のエゴで、子どもの選択が狭められている可能性もあることを考えるべきかもしれません。

■マイホーム

私には、持ち家願望がありません。家を買って、お化けが住んでいたらどうしましょう。近所に怖い人がいたらどうしましょう。もう引越しできません。マンションなら、なおさら怖いと思います。買うのは空中ですから、もし建物がなくなった場合、マンションの建坪の広さの大地を、地下から上層階までの住人と分け合うのでしょうか。布団を敷く広さを確保できるでしょうか。野菜の種を植える隙間はあるでしょうか。

ローンを組んでしまうと人生の選択肢が減ってしまう、私はそう考えます。「仕事が辛いから、解放されたい」「転職したい」「新しいことにチャレンジしたい」……という相談を受けても、家のローンを理由にして躊躇している方をたくさん見てきました。だから、住まいは借りているほうがいい。同じ家賃を払うならローンで買って、いずれ自分の持ち物になったほうが得だという考えは真っ当だと思います。しかし私の場合は、好きなときに好きな場所に移住する自由な権利のために、家賃を払います。地方に行くと、家を途方もなく安く借りることができます。地縁があれば、一軒家と山や畑まで付いて、タダという場合もあります。貸主は「管理してくれるだけでありがたい」と言うのです。元来、大地は誰のものでもありません。地球の共有財産です。ローンというシステムに自由が搦《から》めとられないように、私は日々気を付けています。

◎システムから降りたら、〝自分探し〟が終わった

なんでも買わないと生活できない。何かを買えないと幸せになれない。そう思っていると無意識のうちに恐怖心が生まれ、ますます頑張って働かねばと思い込み、カネの奴隷になってしまいます。まさに過去の私がそうでした。所属する会社から貰う給料にすがって暮らすしか方法がないと思い込んでいたから、他の自分を模索しても、所得を失う怖さが先行して行動を躊躇させました。「給与を貰う」システムと「消費

すべき」システムに翻弄されていたのです。

〝所得を減らさずに転職しよう〟とも考えました。他の会社に行けば未知な自分を活かせるかもしれないと思ったのです。しかしもし仮に再就職できたとしても、あれから10年経った今ではもっと悩みが深まり続けていたことでしょう。転職した会社も誰かが作ったシステムであることに変わりなく、置かれた環境に翻弄されるだけで、望む自分に出会えるわけもありません。

だから私は会社を辞め、自分でできることを少しずつ増やしてきたというお話をたくさん書きました。お金は少々でも、食べものを始め、自分でなんでも「do」できれば、買うものが少なくても豊かに暮らせます。するとお金は単なる物々交換手段という役割に落ち着きます。やっと、お金に支配されることから脱し、お金の上に立てたのです。お金に左右されなくなったとき、どう生きたらいいかという永久に続くと思っていた「自分探し」が、いつの間にか消えていました。

恐る恐る外部の大きなシステムから降り、またひとつ降り、と繰り返してきたら、身体の内側に芽生えてきたものは「恐怖」や「不安」どころか、「自立」「自信」「自由」たる新芽だったのです。「○○してもらう」という他力本願から降りたとき、そこにいる頼るべき「自分」は、もう探す必要のない「自分」のはずです。

第9章

ダウンシフターズ

◎「ダウンシフターズ」を再定義する

私は、辛くなって会社を辞めました。夢のためなのか、逃げだったのか。後者のほうが大きかったような気がしています。退社前の私は、うつ病寸前だったことでしょう。そんな私が退職できたのは、独身だったからかもしれません。今では、〝どんな条件であっても人生はいつでも変更できる〟と思っていますが、当時そう考えるのは無理でした。たいていの人が、家のローンや子どもの教育費や親の介護を考えると会社を辞められない、と考えるのは当然です。会社を辞めて本当に生きていけるのかと不安になったり、老後のことを考えて不安になるのも当然です。そうした悩みを持つ方々が、「たまＴＳＵＫＩ」にたくさんご来店されます。

そうした人たちに、私は「会社を辞めたらいいですよ」と淡々と言います。しかし、無責任に言っているわけではありません。ご本人の立場上、そう簡単に退職できないことを充分理解しているつもりです。独身だった私でも、清水《きよみず》の舞台から飛び降りる覚悟で退職を決めたのですから、もっと大きなものを背負って悩んでいる方々の気持ちは痛いほどわかります。それでも「会社を辞めたらいいですよ」と言い放つ理由は、二つあります。

・自分を見つめなおすキッカケにしてほしいから
・自分以外の生き方を垣間見てほしいから

自分が本来、どんな暮らし方、働き方をしたら幸せなのか。本当はどんなことがしたいのか。それを深く見つめなおしてほしいのです。そして、そういう生き方をしている人を実際に見てほしいのです。

社会を変えたいがために、私は〝たまTSUKI〟から様々な情報をアウトプットしているのですが、決して大きくいっぺんに変革しようとしているのではありません。幸せに生きる個人が増えてゆく結果として、社会は変わるものと思っています。私が店を営む理由は、多くの悩んでいる人におのおの人生の棚卸しをしてもらって、幸せに生きてほしいからなのです。お節介かもしれませんが、それが、私の〝したいこと〟なのです。

たまTSUKIに来店されるお客様に出会いを作る理由は、地域活動、市民活動、ボランティアなどをしている様々な人や、利益だけを追求しない組織（NGO、社会起業家など）を実際に知ってもらうことで、未来の選択肢を増やしてほしいと思うからです。様々な人生の具体的選択肢を身近に見ていれば、現状に苦しむことがあっても、追い詰められることはないと思うからです。

「会社を辞めたらいいですよ」と私が勧めたからといって、そう簡単に退職する人はいません。しかし、「辞めていいのかもしれない」と思ったときから、ご自身の棚卸しが始まるのだと思います。結果として辞める方もいますが、辞めずに会社とい距離感を持って仕事ができるようになる方もいます。自身の棚卸しの結果、会社以外にも居場所を見つけるからだと思います。会社に片足を置き、もう一方の片足を生きがいのある場所に置くのです。

「横出世」という言葉があります。会社での労働以外に、家庭、地域活動、市民活動、趣味活動で、必要とされる存在になることを示す素敵な言葉だなあと思います。**会社以外にも自分の存在価値を見つけて、そちらでも活躍する人は、出世のいかんにかかわらず、老後を幸せにすごせる場合が多いそうです。**

会社での仕事だけが道でないと思えれば、仕事において無理や我慢をする必要がなくなります。会社の方針や上司の指示でも、本人が〝それは違う〟と思えば、「NO」を言えるでしょう。代替案を出せるでしょう。そういう人こそが、会社にとっても本来必要なはずです。もし、それが評価されないなら、もう一方の足を軸足にして生きてゆけばいいのです。仮に減給になっても、幸せ度を下げるどころか上げることが可能です。会社以外にも活躍の場がある人は仕事にもプライベートにも相乗効果が現れ、それぞれが充実して楽しくなり、人生が満たされると思います。

私がお客様に伝えることはシンプルです。葛藤はその人だけの悩みでなく、社会全体で多くの人たちに起こっていること。その原因の多くは、巨大化しすぎた経済にあること。だから、**自分だけを責めないでほしいこと。**頑張って耐えても、会社や政治が守ってくれるとは限らない時代になったこと。であるならば、自分で好きなように仕事をして、シンプルに生きればいいこと。より少なく生きれば、より多くの豊かさに近づくこと。ミニマム主義なら、夢を実現しやすいこと。農に携われば、お金が少々でも食べるものに困らないこと。システムから降りれば、それまでの〝恐怖〟が〝自由〟に変わること。年齢や条件に関係なく、いつでもやりたいときが旬なこと。そうやって歩き出している人の例を伝えること。ダウンシフターになっても楽しく暮らしている私の姿を見てもらうこと。そして、あなたが変わったら、社会もいい方向に変わること。

◉歩き出して悔やむ人と、活き活きする人の違い

たまＴＳＵＫＩに来たことがキッカケで新たな道を歩み出した人には、前職を辞めたことを悔やんでいる人はいません。しかしすでに退職をした人や転職を繰り返す人や立ち上げたビジネスが軌道に乗らない人のボヤキを聞くことは多々あります。**それ**

らの人には三つの共通点があります。〝表面的な上昇志向が強いこと〟〝大量消費生活を変えていないこと〟〝好きなことを仕事にしていないこと〟です。

表面的な上昇志向とは、前職よりもっと収入を増やしたい、もっと贅沢な暮らしがしたい、という考えです。循環の概念が抜け落ちていて、収入増だけを考えてしまうのでしょう。こうなってしまうのは、前職を辞めた理由が自己都合の域から出ていないからです。つまりは、なぜこの経済社会がおかしくなってきているのか、なぜ苦しんでいる人が多いのか、自分を退職まで追い詰めた社会的原因が何なのか、を分析せずにただ辛かったから新しい仕事に移っただけなのです。市場の拡大や盲目的な経済成長が自分たちを苦しめていることに気付けば、新たな仕事で安直に成長を目指すことはしないでしょう。第一、こういう経済縮小の時代に、よっぽどの才能か努力か運がなければ、ビジネスを拡大することは難しいでしょう。それらを理解していれば、消費主義を見直し、ライフスタイルを見直し、幸せの価値を見直し、リデザインする生活に見合った働き方をするようになるはずです。

また、今の仕事や状況にボヤく人は、今、自分の好きなことを仕事にしていない人です。収入面を一番の焦点にして仕事を選びますから、転職しようが独立しようが、大きな相手や大きなシステムの都合に合わせねばならず、結局は前職と同じような悩みから抜け出せないのです。

こうして働き方を変換できていないということは、自分の仕事に社会的意義を見出してもいないということなので、収入面だけでしか自分を評価できないのかもしれません。だから収入が下がってきたとき、もしくは収入が前職に追いつかないとき、以前と同じ消費生活が維持できないことをボヤくのです。仮にそういう人に社会的問題提起をすると、たいていは〝しかたない〟〝自分の生活が精一杯で、そんなことを考える余裕も行動する余裕もない〟という無責任なスタンスです。つまりは、ライフスタイルや消費スタイルを見直していないから、自分の生活だけで精一杯になってしまうという根本的な問題原因の解決に向けて生きていないということだと思います。皮肉なことに、上昇志向の人ほど大切な食べものを大量生産の安いものに依存していて、外食の回数や必要のない贅沢品に出費が多いように見受けます。私はそうした矛盾を見たとき、痛々しくて言葉に詰まってしまうことがあります。自分自身でそれに気付くまで、傍で見守るしかないのかもしれません。

◉ダウンシフターズ

たまTSUKIに来たことがキッカケの一つになって会社を辞めて自立する人たちが増殖しています。最近では、私のブログを読んでいるだけで来店したことがないのに「13年勤めた教師を辞めて、昔から夢だった仕事を始めます。ダウンシフトします」というようなメッセージが届くこともあり、驚いています。ブログで「会社を辞めましょう」などとは一度も書いたことがないのに、行間から何かを感じてくれるのでしょう。こうして好きなことや夢に向かって歩き出す人からの知らせを聞くたびに、とっても嬉しい気持ちが湧いてくるとともに、大きな責任も感じます。人の人生を翻弄してしまうかもしれない責任です。それでもしかし、大量消費社会から降りて幸せな働き方に向かう人が増えることに、嬉しさを隠せません。私の小さなアウトプットから社会が変わってゆく醍醐味を感じています。たまＴＳＵＫＩを通り過ぎる人だけでもこれだけ多くのダウンシフターズがいるのですから、日本中、世界中でこうした動きが始まっていることは間違いありません。

晴れ晴れと歩みだすダウンシフターズは、その直近まで苦悩を抱えていた方ばかりです。会社での業務や数字からのプレッシャー、上司・同僚・部下との人間関係、仕事そのものへの疑問、残業・休日出勤による労働過多、将来への不安、心身の不調、仕事に対する家族との価値観の相違、本当に望んでいる仕事はこれでいいのかという自分探し、などなど。我慢して心を抑圧する。正直に思うことを言えない。正直に行動できない。そうやって悩みが深くなり、うつになり、死んでしまいたいと思い詰める方すらいます。

それでも〝自分のやっていることは、社会的意義があることなんだ〟と信じられるのであれば、限界を超えても気力で頑張れるのかもしれません。でも、そこに疑問を持ってしまったら、ギリギリで自分を支えていた柱が、ポッキリと折れてしまうのではないでしょうか。

例えば、自分の売っている食品に、危険な添加物が入っている現実を知ってしまったとき。自分がシステム構築に携わったキャッシュディスペンサーの24時間稼動システムによって、職を失った人たちがいたことを知ったとき。自社工場跡地の土壌汚染を取締役が隠蔽《いんぺい》しようとしていることを知ってしまったとき。原子力発電の原料のウラン採掘、精製、運搬、発電所現場、使用済み放射性廃棄物の処理などで多くの人々が被曝《ひばく》して病気や死に追い込まれていることを知ったとき。全部、当店を通り過ぎてダウンシフターズになった人の実際の話です。

私もそうでした。会社員時代のあるとき、カシミヤストールが流行したことがありました。インド・カシミール地方の高山地帯の山羊からとれる貴重な素材ですから、一部の高級店でしか買えないはずです。しかし流行とともに私の店でもオリジナル商品が出回り、販売強化商品として他店と競うように売りました。更にはチェーンのスーパーの棚でも大量に見かけるようになりました。そのとき、疑問がわきました。なぜ、貴重で高価なはずのカシミヤが、こんなに出回るようになったのか？　少し調べてみると、カシミヤ山羊の内モンゴルでの過放牧が進んでいました。そして過放牧は、中国の砂漠化を進めてしまう原因のひとつだということが分かりました。山羊は食べるものが少なくなると餌となる草の根を食べ尽くします。結果、砂漠化に拍車をかけてしまうのだそうです。そして、砂漠化により日本では黄砂被害が年々ひどくなっています。

カシミヤストールの流行が過ぎた後しばらくして、私は自分の業績が思うように上げられなくなってゆき、生き方の方向性をも失って、悩んでゆくことになります。同時に、〝たくさん売ることが人や社会を本当に幸せにしているのだろうか？〟とも考えるようになりました。今思えば、やりがいも達成感も得られず、しかも社会を悪くしているのかもしれないという問題意識の小さな芽生えが、仕事から離れる決断を後押ししたのだと思います。

自分も辛いが、その辛さを我慢して頑張っても仕事に社会的意義が見出せないとしたら、何のために働かねばならないのか。自分が頑張って仕事したら、知らない遠くの何処かで誰かを悲しませていた、苦しませていた、病気にさせていた、殺していたとしたら。

今、ここまで考えた末に仕事を辞め、ダウンシフターズとして動き出した人たちが、これまでとはまったく違うやり方で人生を歩き出し、スモールビジネスを各地で立ち上げています。

地方に移住して夫婦で半農半〝木工職人〟、半農半〝パン屋〟、半農半〝豆腐屋〟、半農半〝NPO〟になった方々。結婚して循環型農業を目指すお百姓さんになったカップル。妻と2人の子どもと共に離島に移住して灸師になった男性。都市と地方を繋ぐプロデューサーを目指している新婚女性。障がい者でも安心して立ち寄れる飲食店を開いた元介護士。野菜の魅力を伝えたくてキッチンカーを始めた湘南ガール。昔ながらの八百屋さんが必要な分だけ量り売りしていたように、お客様の希望に合わせてデザインと調節ができる手作りアクセサリー屋さんを開いた女性。人と地球を元気にすることを使命に情報発信会社を興したシャイな男性。自然派志向のフリーライターになった旅好きの女性。ITデザイン会社にいたが、体を動かし、直接コミュニケーションできるアートを模索して、住宅街にお洒落な靴・鞄の修理屋さんを開いた男性。エコツアーを引率するインタープリターになって森に通う元広告代理店勤務だった女性。地域貢献ビジネスを興す人に融資するNPOバンクを立ち上げた三児の母。社会に本当に必要とされる会社を増やし、調和の上に成り立つ社会に貢献するという目的で小さな投資信託会社を興した元外資系投信会社副社長の男性……。

上記の人たちには共通点があります。そこにおのずと人が集まっていくこと。そして出会いが広がってゆくこと。仕事を辞めて新たに動き出したら望んでいたパートナーと出会って結婚したという例を何人も見てきました。未来の方向性が同じだと出会いもスムーズで絆も深くなり、2人で協力して夢に進めるのでしょう。商売の場所が近所の子どもたちの遊び場になっているともよく聞きます。子どもたちを地域ぐるみで育てていた時代が復活してくるようで面白いものです。子どもたちは小さな生業を営む大人を身近に見ることで、将来の夢を描きやすくなるでしょう。笑顔で活き活きしている人には、たくさんの人が集まってくるのです。

◉好きなことで生きる……あるもの探し

好きなことで生きる。そうは言っても、好きなことを見つけるのが一番難しいかもしれません。新たにそれを見つけようとして必死な人を多く見かけます。産みの苦しみは悪いことではありません。でも、もしかしたら、外に見つけに行かなくても、すでに自分の内側にある場合もあります。それが商売になるわけがないと思い込んでいるだけかもしれません。

私が飲食店を開きたかった最初の理由は、美味しい料理と酒の提供でもなく、社会的メッセージのアウトプットでもなく、〝大好きな音楽を大音量で流して酒を飲みながら商売できたら、どんなに幸せだろう〟という単純な憧れでした。それ以外の目的は、あとから追加されていったものです。たまＴＳＵＫＩは居酒屋風の料理からマクロビオティック料理まで提供していますが、「ＢＡＲ」という範疇に置いておきたい理由がここにあります。今でも店で好きな音楽を流しているときが、至福のときです。

去年から来店するようになった20代後半の女性Ｎさんの話をします。Ｎさんは大学卒業後、好きで選んだイベント企画会社で仕事をしていましたが、何か煮え切らない感覚が続いたまま、自分探しのために様々な資格や自己啓発に取り組む日々を重ねていました。日経ビジネスアソシエオンラインで「減速生活者／ダウンシフターズ」を読んで、たまＴＳＵＫＩに来店。私との会話なのか、店の雰囲気なのか、何がキッカケになったのかＮさん自身も自覚がないというのですが、当店に来たことで〝好きなこと〟〝夢中になれること〟がすでに自分の中にあったことに気付いたというのです。それは、スケジュール手帳を使いこなすこと。趣味として手帳を様々に工夫して使うことが大好きで、過去に雑誌に取り上げられたこともありました。でもそれがビジネスになるなんて考えもしなかったそうです。今、彼女は会社の仕事とは別に「手帳コンサルティング」として独自の道を開拓し始めました。まだまだ不安もあるし試行錯誤の連続ですが、人脈を広げ、セミナーを開くなど、様々なチャレンジをしているようです。

嫌な仕事から、好きな仕事へ。環境破壊的な仕事から、持続可能社会的な仕事へ。競争的仕事から、共生的仕事へ。大きな会社から、小さなビジネスへ。私のあり方が、そんなベクトルへのリクルーター的役割になっているなら、感無量です。決して会社を辞める必要もありません。会社以外に、〝好きなこと〟〝人に喜んでもらえること〟を実践できる場や仲間があればいいと思います。

今のところ、「あなたのせいで人生台無しになった」というクレームは頂いておりません。クーリングオフにより、退職後10日目以降の苦情はお断りしております。あしからず。

第10章

小ささで世界を変える

◉プランA●〝たまにはTSUKIでも眺めましょ〟フェイドアウト

私は〝できることを増やす〟という過程の中で、たまTSUKIを営み、お米と大豆の自給にまで至りました。「〝やりたい〟けど、できないこと」を、できるようになる喜び。米も研げない。虫も触れない。ビジネスもわからない。政治も経済もわからない。そんな〝できないことづくし〟で卑屈になっていた29歳の自分を振り返って、何だか不思議です。あのころ、何かに追われるように焦らされていて、でも焦れば焦るほど、駄目な自分が嫌いになってゆきました。だから30歳からの私は、急ぎそうになる自分をあえて抑え、ゆっくり、気ままに、淡々と、飄々と、楽しみながら、したいことだけをするよう心がけて、歩いてきたのです。あれから10年が経ち、40歳になりました。焦らず来たのに、気付いたらたくさんの希望が叶っていた、という感覚です。

今、悩みはありません。正確に言えば、悩みを楽しめるようになったということでしょう。「**悩みちゃん、ようこそいらっしゃい**」という感覚で、与えられたチャンスと思えることすらあります。悩みや困難は時間とともに必ず解決してゆくもの。だから焦る必要はありません。自分のペースで、自分の信じるところを歩いていればいいのです。休みたいところで休めばいいのです。

そうした結果、大きなシステムに振り回されることがなくなりました。社会に対しても、己に対しても、〝しかたない〟〝しょうがない〟は一つもなくなりました。時間をかけて真実を探し、常識を疑い、マスメディアから流れてくる情報を安易に信じず、小さな自分が〝したい〟と思う考え、見極め、直感を大事にする。その直感を頼りに、小さな自分に〝できる〟と思うことを、もしくは〝したくないことはしない〟という選択も含めて、微力ながらでも実践しているからです。

実はそろそろ、〝たまＴＳＵＫＩ〟の役割は終わりかけていると思っています。２００７年半ばのサブプライムローン問題から端を発し、２００８年９月のリーマンショックで世界経済崩壊が顕著化しました。世界に誇る日本のトヨタすらも、瞬時に２兆円を超える最高益から赤字にまで落ち込みました。そして昨今では、企業として大きくなりすぎたゆえか、車の欠陥部分が報告され、世界各地で約４５０万台ものリコール対応に苦しんでいます。今まで大手を振っていた広告代理店も商社も銀行も、先行きが見えない中であえいでいます。

「ほら、言っていた通りだろ！」「だから、言わないこっちゃない！」との気持ちがついつい湧いてきて、傲慢になってしまう自分が心の中にいます。そんな自分をカッコ悪いと思います。時代がやっと動き出したのに、留まっていることもカッコ悪い。

都会にいることに最初から未練はないのに、今でもその都会で商売していることもカッコ悪い。だから、小さな〝たまTSUKI〟が果たしてきた大きな役割を、そろそろフェイドアウトさせてもいい頃合に来たと思っているのです。

かつて29歳で退職を決めたとき、人生最後の賭けだと思いました。しかし今は、やりたいときにやりたいことをするのが旬であると考えられるようになりました。未確定な未来を歩き始めることや模索することにワクワクするくらいです。今あるものを手放せば、空いた両手で新しい何かを必ずやつかめる。そんな根拠のない真実を実感できるようになったからだと思います。

◉プランB●軸足を土に、もう片足はコンクリートに

田んぼ探しを兼ねて、数年前から次の住まい先を探す旅をしてきました。まだどこかは定まっていませんが、東京を離れることを考えています。次にどんな生業をするかは決まっていません。今の延長線上で、飲食店やお弁当屋さんを営むのもいいでしょう。宿を兼ねるような「場」づくりも楽しそうです。以前から、地方と企業を結びつけるような事業を考えているので、そんな構想を実現化することも夢の一つです。地域循環経済の構築や、就農・自給農の斡旋に関するコンサルティングを小さなビジ

ネスにできるかもしれません。執筆で自分の考えをアウトプットすることも刺激的でしょう。妻が不定期に東京に戻る必要があるため、都心と地方住まいを半々みたいな仕事もいいでしょう。彼女といっしょに何かするかもしれません。東京で半分暮らすなら、たまTSUKIを週3日ほど営業するという選択もあるでしょう。私の下手なギターと唄に、お金を払ってくれる人もいるでしょうか？　未来は不確定です。不確定だから面白い。未来を愉快に悩み、模索している最中です。

そんな未知の近未来ですが、地方に行っても貫こうと決めていることが二つあります。それは今までにも実行してきた「半自給」と「ミニマム主義」の実践です。

地方に住むようになれば、米と大豆以外にも、庭先か小さな畑で野菜を作りたいと思っています。鶏を2～3羽、放し飼いにしておくのも楽しいかもしれません。新鮮な野菜と卵を毎日食べられるなんて、最高の贅沢です。**しかし、完全自給を目指そうとは思いません。おおよそ半分の自給ができていれば構わないと思います。**半分を自給できていれば、もし一時的に貨幣が崩壊しても、100％自給に移行することは容易です。家庭の自給率を高めることは、安全と安心、自由と自立への道だと思います。

残りの半分は貨幣経済と繫がっていたいと思います。現代社会にも関係を保つことで、人々との繫がり合いを得て、インプットとアウトプットを楽しむことができるからです。土の上に軸足を置き、もう一方の片足をコンクリートの上にのせておく感じです。いざとなったら、土の上に両足をのせればいいだけで、いのちを脅かされることはありません。

仮に私が地方でミニマム主義にのっとったお弁当屋さんを開くとしましょう。半自給ライフスタイルに、月20万円の収入があれば暮らせると計算。月曜日から金曜日の週5日、お昼の11時から13時だけ営業するのはどうでしょうか。販売数は、５００円のお弁当なら限定30個。７５０円なら限定20個。一日の売上１万５千円。それだけ売れれば、利益を１万円以上確保できるでしょう。月にしたら20万円を得ることができます。材料は、朝、畑から採ってくればいいのですから、原価はほとんどかかりません。実働時間も、３時間を仕込み、２時間を販売で合計５時間程度だと思います。限定だけに人気が出る可能性もあります。地域の会社勤めの人や学生さんに認知されれば、一日20個売ることは難しくないでしょう。20個のお弁当なら、業務用炊飯器はいらず、家庭用10合炊きのもので充分です。土鍋で炊いたら、美味しい上に付加価値が付いて最高でしょう。炊飯器以外にも特別な業務用調理器具はいりません。販売数限定で売り切り必至なら、保存料などの添加物を入れる必要も生じません。こうして不必要な投資をせずに済みます。箸やお弁当箱を回収してもいいでしょう。１０００円で販売し、弁当箱と箸を返却してくれたら５００円返却するというデポジット制もカッコいいと思います。それなら、使い捨て容器でなく、粋な素材でお洒落な弁当箱を使うことができるでしょう。一つのお弁当を売ることで、大きな社会的メッセージを伝えることができます。その上に、返却で来店頻度が高まるので、リピーターを増やすことにも繋がるでしょう。

ちなみに、ここに書いたお弁当屋さんビジネスの案は、あくまでも机上の空論です。実際は、いかに美味しいお弁当を作れるか、地域の方々と信頼を作れるか、が鍵です。信頼を得るには年月もかかります。

いずれにしても、半自給とミニマム主義によるビジネスで、地方住まいができたらいいなぁと考えています。「半農半X」の〝X〟を、ミニマム主義で可能にする。あとは〝X〟を模索してゆくだけです。何をエックスにするかが一番難しい課題ですが、それに向けて悩むことに、ワクワクします。

◉プランC◉企業発〝農コミット〟&〝ダウンサイジング〟

いずれ、企業に働きかけたいと思っていることが二つあります。「農コミット」と「ダウンサイジング」です。

「**農コミット**」。従業員が社内プログラムや組合プログラムなどを通じて、個人が農に携わることの社会的意義を学び、援農や農業体験に参加するプログラムです。農コミットを実施すれば、様々な効果が現れるでしょう。短期的には、従業員のストレス発散や運動不足解消、会社にとっては地域貢献やCSR（企業の社会的責任）活動の広報に役立つことでしょう。長期的には、人々の食や環境への意識の高まり、農業の重要性認識の向上、農家の収入アップ、地方への人とお金の移動、就農者の増加、遊休農地の復活、里山奥山保全、地域活性化などに、大きく効果が広がるでしょう。

そんなことを想像すると、ワクワクするような光景が浮かんできます。例えば、田舎暮らしに惹かれて農家になった元従業員の作る農産物を、会社が買い上げて社員食堂で使う。はたまた元同僚が直接購入することを通じて、個人の都市と地方の交流が広がっていく。こうした流れができれば、就農者や半農半X的生業の自立が容易になります。就農者を束ねて企業に農産物を一括納入するロジスティクスを構築するビジネスもできるでしょう。ゆっくりゆっくり、都会を離れて起業する人や就農者が増えてゆく。場合によっては、会社一丸となって農にコミットし、従業員全員が農作業を業務の一環として汗を流し、食と職の双方を保持してもいいでしょう。業績が低調なときは、減給分を会社で自給した米や大豆や野菜で補うことも、これからの時代には積極的にあっていい話だと思います。

農コミットは何よりも参加した人を笑顔にします。大地の恵みに気付き、大地の上に立ったとき、人は生きる原点を取り戻せるからです。

「ダウンサイジング」。言葉の通り、小さく、コンパクトになることです。企業が仮に売上を減らしても、程よく小さくなれば持続可能な経営は可能でしょう。売上高と利益額は小さくなっても、利益率と従業員の幸福度を上げることができます。ダウンサイジングしたほうが、独自性と優位性を出せる戦略が生まれるでしょう。

その際、安易に従業員のリストラはしません。ワークシェアリングを実行するチャンスです。それぞれの従業員の労働時間もしくは労働日数を減らし、雇用人数を保つのです。従業員は労働量が減る分だけそれに応じて収入も減ることになりますが、おのおのの家計事情によって労働量を会社側と協議できれば、選択肢と自由度がある制度になるのではないでしょうか。

「農コミット」と「ダウンサイジング」はセットで機能するものです。例えば、企業がダウンサイジングしてゆく過程で従業員を減らさねばならないとき、積極的に就農や半農半Xを希望する従業員を支援することで、リストラせずとも従業員を減らすことができます。離職後の元従業員をサポートできれば、CSRを果たし、社会貢献にもなり、企業価値が高まります。そうやって企業から自立する人が増え、〝農〟〝環境〟〝共生〟に貢献する地域スモールビジネスがどんどん生まれたら、子どもも大人も身近なところに夢を抱けるようになるでしょう。

こうしたことは、私だけが考えているわけではないようです。

日本を代表するIT関連の株式会社アシストの社長ビル・トッテン氏も、自著『年収6割でも週休4日』という生き方』(2009年、小学館刊)で似たような考え方を書いています。トッテンさんは、この先経済が6掛けになって会社の利益も6掛けになったら、従業員の給料も6掛けにしなければならないかもしれないけれど、その代わりに労働も6掛けの週休4日にして、一人もリストラはしないと宣言しているのです。さらに面白いのは、自給農を始めたり、縫製を始めたり、大工作業を始める人に助成する社内システムを導入していることです。これから、このような企業がますます増えていくのではないでしょうか。

「農コミット」から「ダウンサイジング」への流れを、いずれ企業に提案してゆきたいと考えて、少しずつ準備を始めています。しかし、私はノンビリ屋さんゆえ、まだ動き出しそうもありません。仮に近い将来、私が本気で取り組んでも、その規模は小さなものでしょう。大企業を動かすほどのノウハウや力量を私は持ち合わせていませ

ん。だから、各地で同じようなことをする人がたくさん出てくることを希望していま
す。ここに書いた案を基にして実践してくれる人が生まれたらいいなぁとも願ってい
ます。
日本中、世界中で、企業のダウンサイジングが進み、〝搾取なし、適量生産、適量
消費、廃棄なし〟が少しずつ実現してゆけば、お金の流れは〝下から上へ〟〝小から
大へ〟〝弱から強へ〟という縦の移動から、人々の生業を巡ってゆく循環の移動に変
わってゆくでしょう。お金の循環移動は地域を中心にして動くはずです。そんな社会
になることが、私の夢です。

◎プランD●好きに生きて、ついでに社会革命

一人ひとりが働き方を見直し、ライフスタイルを見直し、時間を取り戻し、心の豊
かさを取り戻すと、必然的にダウンシフターズが増えてきます。大きくなりすぎて困
っている企業が持続可能な経営を目指すならば、必然的にダウンサイジングを目指す
ことになるでしょう。すると結果として、社会変革が起きてきます。
エネルギーを例に考えてみます。
ダウンシフターズはミニマムなビジネスとライフスタイルになるゆえエネルギー使

用量が減るでしょう。企業もダウンサイジングでエネルギー使用量が減るでしょう。電気の総使用量をある程度まで減らせれば、自然エネルギーだけで日本の電力をまかなうことが可能になるというデータもあります。石油は40年、石炭は155年、天然ガスは65年、ウランは85年で枯渇すると言われています。このままではいずれを選んでも155年後にはすべての地下資源が取れなくなります。未来世代に残さずに使い切ってしまってよいのでしょうか。なくなってくる資源獲得のために戦争をすればいいのでしょうか。イラクでもアフガニスタンでも石油のために多くの血が流されています。将来にわたって電力を確保したければ、省エネを進め、少しでも早く自然エネルギーにシフトするしか選択肢はありません。

石油、石炭、天然ガスを使う発電所は大量のCO_2を出しています。ウランを燃やす原子力発電はCO_2を出さないと言いますが、実は原発は出力調整が不可能な上に事故や不祥事や地震で止まることが多いので、停電を防ぎ、供給調整するために火力発電所を併設せねばならず、CO_2削減になりません。その他にも、発電後に出る使用済み核燃料や放射性廃棄物を安全になるまで何十万年も維持管理するのにどれだけCO_2が出ることでしょうか。その場所も技術も未定のままです。そもそも仮にCO_2を出さなくても、危険な放射能を出して人や環境を汚染してもいいのでしょうか？ 原発の様々な事実を知れば知るほど、安全面・技術面・経済面での破綻が見えてきます。

また、日本のCO_2総排出量の8割以上を産業界が出しています。しかもその半分は、たった150企業が出しています。実は企業がダウンサイジングするだけで、温暖化問題は解決へ向かうのです。


ダウンシフターズになることと企業がダウンサイジングすることは、エネルギー使用量を減らし、CO_2排出量を減らし、大きな社会貢献になります。その先の近未来に、地域発の自然エネルギー社会を作ってゆく基盤にもなります。地域の自然から生まれる発電は、農産物といっしょで自然界からの贈り物。降り注ぐ太陽、流れる水、海の波、潮の干満、湧いてくる熱、有機物を分解する微生物、それらは分け隔てなくすべての人に無償で与えられているもので、調達にコストがかかりません。だから、地域から生まれる自然由来のエネルギーは、〝分かち合う〟エネルギーになるでしょう。電気が足元から湧いてくるものであれば、食べものの自給が自立に繋がるのと同じで、ますます個人個人が自立・独立しやすくなります。そうであれば、自然溢れる地方からこそ、様々な可能性を秘めたスモールビジネスや生き方が生まれてくるはずです。

ダウンシフターズになることが温暖化を防ぎ、戦争を減らし、多くの人の自立や自由をも促すなんて、素敵だと思いませんか。だから私はダウンシフターズになったのです。だから、毎日が楽しいのです。みんなが元気になるのが嬉しいのです。私が想い描く近未来のエネルギー社会は夢物語ではありません。日本にも、世界にも、実践している地域が増えてきています。

◎プランE●〝ダウンシフターズ〟広がれ

■地球は丸い

地域や時代を超える共通のルールが一つだけあるとすれば、それは「出したら、返ってくる」ということだと思っています。悪いことにしても然り、いいことにしても然りです。考えてみれば、地球は丸いのです。すべてが循環しています。そう考えれば、出せば返ってくることは当然かもしれません。

私が会社員時代にたくさんの悩みを抱えていたことは、本の前半で述べました。あのころを思い出すと、**私は自分の暮らしや欲を満たすのに、一方通行的なお金の使い方しかしていませんでした。**日常品は大量生産で安いものを買い、使い捨てを便利だと思っていました。食の安全など全く考えず、できあいのものばかりを食べていました。そんな消費生活ですから、お金を使う先に顔の見える関係などほとんどありませんでした。お金が減れば、会社に所属し続けて、知らない誰かから給料を貰うしかありません。知らない誰かとは、会ったことのないお客様でもあり、親しくもない社長や取締役でもあり、利ザヤしか考えない株主だったかもしれません。私の財布を通り過ぎた一方通行のお金は、巡り巡って私に戻ってきたとき、「苦悩」という形になっていました。私が払ったり、貰ったりしたお金は、大量生産の向こうで、森を破壊したり、川や海を汚したり、誰かの仕事や暮らしを奪っていたのかもしれません。事実、見える範囲でも、私が関わっていた担当商品の小さな取引先は、何社か廃業になりました。大きな企業たちが押し付ける条件に、小さい企業は持ちこたえられなかったのだと思います。それを知っていても「資本主義とはそういうものだ、しかたない」と片付けていた自分です。そうした自分の出した行為が、時間を経ながら巡り返ってきて、苦悩になったのだと思います。地球はいくら大きいといえども、丸い。私は気付かぬうちに、天にツバを吐いていたのでしょう。

ここ数年、私はありがたいことに、心満たされて生活しています。たまTSUKIの生業、および日々の暮らしで、お金のほとんどの出入りが、繋がっている関係性の中で動いているからかもしれません。私の財布の中身は、大きく潤うこともありませんが、枯れ尽きることもなく、程よく出入りしているのです。お金だけではありません。関わる自然も、身体を出入りする食べものや排泄物も、自分の為す行為も、伝えたり聞いたりする情報も、人への想いも怒りも、身体の細胞一つひとつも、すべてが循環している感覚です。だから、時に間違えたり、悪いことをしてしまっても、どうしたらいいのか、反省と解決策がおのずから湧いてきます。よって、安心して暮らしていられるのです。この感覚を持ち続けていれば、充足感は未来も変わらないでしょう。**今を犠牲にして未来のためにお金を貯蓄しても、大きな経済システムが激動期にある中で、お金そのものがどうなるかわかりません。それより、今の循環する関係性を未来にも続けていけば、カタチが、お金や、食べものや、行為や、想いなどに変わるだけで、大きな心配にはなりません。**

■総自営業的社会へ

経済縮小の中で、個人が上に昇ろうとすれば、たくさんの無理をしなければなりません。落ちる恐怖を抑えながら、たくさんの他者を押しのけなければなりません。そして昇ろうとすればするほど、他人や大きなシステムに自分をすり合わせねばなりません。外の世界と心が摩擦を起こし、他者が作ったシステムに振り回される定めです。ダウンシフターズは、必然的な経済縮小の中で、充足した働き方と暮らし方になります。大きなシステムから降りることは、自分の内側に向かい合うこと。幸せや豊かさがどこにあるのかを見つけること。システムに左右されず、自らの道を進めばいいのです。

たまＴＳＵＫＩに来るお客様に未来の選択肢を伝え、微力なりとも世の中に働きかけることが、私にできることでした。開店当時の6年前、迫り来る経済崩壊と格差拡大について、そして、そうならないための選択肢について話したとき、友人やお客様の中には「そうはならないよ。第一、社会を変えられるわけないよ」と笑う方もいました。「それって宗教？」という方もいました。しかし今ではその彼らが「そうだよね」と相槌を打つようになりました。世の中が本当に変わってきているのです。凄い勢いで時代の変化が進んでいる証拠です。一人ひとりは小さいけれど、一人ひとりの変化からしか何も変わりません。たまＴＳＵＫＩで私が投げかけたアウトプットは、波となって海を巡ったのか、大陸を駆け巡ったのか、日本一周したのか、東京地域を回ったのか……私のもとに、確実に変化となって返ってきます。そして、私以外にも、そんな感触を持って地球に住み直そうとしている人が凄い勢いで増えています。システムから降り始めたダウンシフターズが、新しい文明を創造してゆくかもしれません。もし、今の社会に疑問があるなら、すでにその人は先駆者かもしれないのです。新しい時代の先駆者は、そのほとんどが古い時代の劣等生や脱落者だったのですから。

今、ひきこもっている人に、無職で苦しんでいる人に、意図せず低所得になってしまった人に、次の文明にはダウンシフターズこそが必要とされることを伝えたくて、この本を書きました。価値観を変えられれば、〝不幸〟が〝幸せ〟への近道になるかもしれないことも伝えたいことでした。でも、本を買えるだけのポケットマネーがない方もいるかもしれません。この本を買えた人で、かつ、共鳴してくれた方にお願いです。私が伝えたかったエッセンスを、必要と思う人に伝えてください。

私はシステムから降りて、ダウンシフターズになりました。より少なく、より小さく、より遅く、低所得で幸せに暮らしています。たまＴＳＵＫＩに向かう道の正面に、夕陽が落ちる瞬間があります。東京の空は、建物の隙間からしか覗けませんが、それでもやっぱり美しい。立ち止まって周りに人がいないことを確認してから、私は呼吸を整えて夕陽に手を合わせます。そして心の中で「ありがとうございます」と呟きます。青い空に、輝く月に、瞬く星に、頂く食事に、喜びをもたらしてくれる人に、心から「ありがとう」と言える感動。こんな心を持てるようになってよかった。低所得になってよかった。ダウンシフターズになってよかった。

今日も、仕込みに向かう道で、夕陽を拝もうと思います。みんなが好きなことをして暮らせるような総自営業的社会に、少しでも近づきますように。

おわりに

お店を出した2004年のころ、訪ねてきてくれた旧友やお客様に「仕事を頑張るの、もうよそうよ」「長時間働くの、もうよそうよ」「会社は守ってくれないよ」「時間こそ大切だよ」「もうこの先、経済は伸びるのではなく、格差が拡がるだけだよ」「頑張れば頑張るほど自分の首を絞めてしまうことになるよ」と幾度も話しました。おりしも2004年は、製造業派遣が可能になった年でした。働く人から権利を奪い、使い捨てにできる制度が、なんと大企業が国に要請して法律になってしまったのです。

私はそんな法律を通した経済界のトップたちにも、政治家たちにも、相当頭にきています。しかしよく考えてみれば、経済界を消費という形で支えてしまっているのも自分たち。政治家を選んでいるのも自分たち。世の中を牽引する経済界のリーダーたちを選びなおす術《すべ》も持ち得ないし、選びたい政党も見当たらずに消極的選択しかできないことは、とっても悲しいことです。資本主義だけでなく、民主主義すらも構造的限界があって、もう機能しえないのかもしれません。

しかし、こんな風にぼやいていても、批判してみても、何も始まりません。自分がどんな暮らしをしたいのか。どんな働き方をしたいのか。どんな地域になったらみんな幸せに近づくのか。住みたい未来があるなら、自分から始めるほうが遠回りのようですが、実は近道。古いシステムにぶら下がるのではなく、新しい答えを生きよう。未来を選ぶのは、自分だ。

私はそう考えて、ひとつひとつ、ゆっくりゆっくり、この10年を歩いてきました。振り返ってみたら、私自身の夢が叶《かな》うだけでなく、少しずつ世の中も変わってきたのです。チッポケな呑み屋のオヤジが世の中を変えられるわけがない？　そうですよね。この大きな地球世界で、政治や社会を変えることなんて不可能だという焦燥感。お金や権力を持たねば世界を変えられないという諦め。自分なんて、何したって無駄だという無力感。そんな虚《むな》しい空気が世間を覆っていることも知っているし、かつての私だってそう思っていました。しかしそこから、今の私にまで変わってこれたのです。だからもし、この本で何かを感じたら、楽しくできそうなことを始めてみてください。始めるのはちょっと、という方は、今まで疑問に思いながらも嫌々してきたことを、しないでください。きっと、今まで想像もしなかった情報や知恵や人物と出会って、感動が増えるはずです。

私がこの本で書きたかったけど、書かなかったことがあります。それは、一人ひとりの普通の人たちが世界を変えられる時代になったという事実です。

私は2003年のイラク戦争を機に社会的アクションを始めました。戦争が絶対に嫌だからです。母も祖父母も戦争体験者なので、その悲惨さを身にしみて知っています。私の周りにあふれる石油資源のために、イラクの人々だけでなく、攻める側の兵士たちを、殺したくなかった。自衛隊を派遣しようとしていた日本という国の市民として、〝しかたない〟といって加担する自分にはなれなかった。残念ながら、戦争も自衛隊派遣も止めることはできませんでしたが、同じ想いで行動している日本中、世界中の人たちとの出会いが拡がってゆきました。環境破壊もなく、貧困やひどい格差もなく、戦争もない、安心の世界をどうクリエイトするか。普通の人々がそれらを考え、微力を持ち寄って行動している事実を知りました。その中に私も微力ながらに得意なことで加わっていったのです。そうしたら、本当に社会を変える成果が次々と出てきました。ニュースや新聞に取り上げられるトピックスに、自分が関わっていることがたくさん出てきました。しまいには、世界の新たな貿易ルールまでにも、私の関わってきたアクションが反映されたことがあるほどです（例えば「国際連帯税」で検索してみてくださいね）。それは本当に嬉しいことでした。自分だけでなく、少しずつ関わったみんなで分かち合う感動です。そのひとつひとつをここに書くには頁が足りませんでした（聞きたい方は、ぜひ〝たまＴＳＵＫＩ〟にお越しください）。そして、私の物語をお話しするより、みなさんの新たな物語が始まることのほうがずっとずっと有意義です。いままでの枠にとらわれない、新しい物語が始まることを心から願っています。

ヒトは滑稽な生きものかもしれません。よかれと思って一生懸命やっていたことが過剰だったり、遠回りしてわざわざ不幸に向かっていたり……。

そんなことを考えるのは、もっぱら農作業の合間。

私にとって農作業は哲学タイムです。草取りで汗があふれ出すと、そこに気持ちよい風が吹いてきます。仰げば高く澄んだ空。疲れたら休み、虫の音《ね》を子守唄に居眠りし、また気ままに作業を再開。そんな中で、哲学という名の瞑想《めいそう》と妄想に入ってゆくのです。

……なぜ辛い仕事でカネを稼いで、誰が作ったかわからない米や野菜を買う必要があるのか？　自分で直接作るのが一番シンプルじゃん。ずいぶん無駄なことをしてるなあ。

……田んぼで抜く雑草にも美味《おい》しいものがあるし、田の周りや森にも食べられる野草やキノコがあふれている。それらはすべて自然界が無償で恵んでくれるもの。

……作業のあとのビールは最高。死んでもいいと思うくらいに旨《うま》い。愉快爽快に食うものを育てたほうが、よっぽど単純で簡単で効率的じゃない？

……ヒトはよく「そんなことじゃ、メシを食っていけない」などともっともらしい顔で言うが、コンクリートの上で過剰に余分なことをしているからメシが食えないんじゃない？

……そもそもコンクリートには食べられる草も稲もキノコも生えてこない。

……俺たちの国って「先進国」と呼ばれているけど、「発展〝過剰〟国」と呼ぶほうがピッタリくるような気がするんだが……。（哲学はつづく！）

遠回りして気づくならば、それも悪くありません。遠回りするからこそ、気づくことだってあるでしょう。気づいたときから歩きはじめればいい。「歳《とし》をとりすぎた！」「チャンスを逃した！」「今からでは遅い！」「もう手遅れだ！」と言うのは簡単ですが、まずは一歩踏み出せば、見える世界が変わります。少なくとも「しかたない」と言い訳して諦めるよりは、遥かにマシだし、幸せです。遠回りは、幸せへの近道。そう考えれば、私にも、読者のみなさんにも、手遅れだらけの地球社会にも、希望の未来はあります。

最後に。モノがなかなか売れない時代の中、貴重なお金をこの本の購入に充ててくださった一人ひとりのみなさまに、心より、心より、お礼申し上げます。重ねて〝あとがき〟までご完読頂き、心より嬉しく、感謝の気持ちでいっぱいです。親、妻、家族、友人、たまTSUKIのお客様、時代の先人たち、自然界、そのすべてのご縁に心より感謝申し上げます。会社員時代、多くの有意義な経験を頂いたのに、ここではネガティブな側面ばかりを書いてしまって、関係者のみなさま、心よりゴメンナサイ。私を『日経ビジネス アソシエ オンライン』で記事にしてくれた荒川龍さんには「ダウンシフターズ」という言葉を教えて下さっただけでなく、文章を書くためのアドヴァイスも頂き、本当にありがとうございました。そしてこの本が完成に至ったのは、出版プロデューサーの三好洋子さん、幻冬舎編集者の木原いづみさんのお陰です。私の駄文を根気強く何度も精査し、昇華させてくれました。心よりありがとうございます。今年から私の田んぼの隣りで、荒川さん、三好さん、木原さんも自給を始められました。こんなに嬉しいことはありません。

最近ますます、各地から多くの方が相談に来てくれます。どこで聞きつけてくるのか不思議です。若い方には、こう言うことがあります。「俺が○○さんの歳のころは、何もわからなかったんだ。だから随分遠回りしてきて今がある。その若さで気づき、悩み、学び、動きだすなんて、俺の歳の40歳になったとき、きっと凄いことになってるよ。楽しみじゃん！」。事実、私は30歳まで無知で行動を起こせない人だったし、退社から今に至るまでも10年かかりました。私より、遥かに若い時点で気づく人がたくさんいることは、未来への希望です。楽しみはつきません。読者のみなさんともいずれ繋《つな》がってゆくことと思います。そのとき、笑顔でお会いしましょう。ただし、たまTSUKIにご来店の際はご注意ください。マスターは、旨い「料理」と「酒」、そして粋《いき》な「音楽」と「心地よさ」でお客様を酔わせ騙《だま》して、社会を変革しようと企むキケンなヤカラです。あしからず。

高坂勝

２０１０年９月１日

最終章

文庫版のために

⦿ダウンシフターズが店に押し寄せて　週休3日へ

　2010年10月に『減速して生きる　ダウンシフターズ』が出て、3年になります。その間、テレビ、ラジオ、大手新聞、雑誌など様々なマスメディアが幾度となく取り上げてくださいました。NHKだけでも8回の取材が入りました。そのわりには単行本で1万2000部の売上で、ベストセラーなどとは間違っても言えません（無名の私の本を幻冬舎が出してくれた上、これだけ売れたことは凄いことであり、大感謝です）。しかし、多くの読者が友人知人に貸し出してくれているようで、中には「髙坂さんの本を読んで感動し、友達20人に貸しました」と自慢げにご来店くださる方に、「ありがとうございます」と苦笑い。〝消費主義から降りろ〟〝私が伝えたかったエッセンスを必要と思う人に伝えて下さい〟と書いている手前、買ってくれ！　とは言えず、こんちくしょう！　と思いつつも穏やかに感謝の意をお伝えしております。本の売上で頂いた100万円強。印税暮らしなどという夢と野望にはまったく及び届かず、未だ、店で目を細めながら焼き鳥を焼く日々です（野菜中心のメニューですが）。とはいっても、購買数の何倍もの広がりと、生き方を変える人たちの続出のお蔭でか、2012年には韓国でも出版。こうして筑摩書房より文庫にもなりました。

　正直、こんなにも評判になるとは思っていませんでした。本来、〝ダウンしよう〟

"会社辞めよう""儲けないようにしよう""貧乏になろう"などという本がウケるわけがありません。本屋には私の本の隣りに『1000万円儲ける方法』のような本が並んでいることもありました。なのに、不幸にも何故かこの本を手にしてしまったアナタ、ご愁傷様です！　それだけ、今の社会や自分の現状に疑問を持ち、悩み、模索している人が多いことの証しでしょう。

更に加えて言えば、単行本出版から5カ月後、東日本大震災が日本を襲うと同時に、福島第一原子力発電所事故が起こりました。この「3・11」を境に、多くの人々が本当のことに気づき始めてしまいました。例えば、政治家も官僚も御用学者も東京電力も平気でウソをつくこと、政府や大企業は国民を守ってはくれないこと、電気の便利さが誰かの犠牲の上に成り立っていること、都市文明や物質文明がこんなにも脆いこと、頼りになるものが経済ではないこと、自然には逆らえないこと、などなど。そこに気づくと、自ずとダウンシフト的志向に向かってしまいます。この社会システムに完全依存したままでは、自分の意志や良心がどうであろうと、加害者にも被害者にもなってしまうのだから。そこから抜け出して、自らの人生のハンドルを取り戻そうと思うのは当然の帰結です。

結果、当店たまTSUKIには、就職しないで生きることを模索する学生、会社を辞めたい人、会社を辞めた人、小さな起業をする人、田舎に移住する人、田んぼや畑を始める人など、自分の働き方と暮らし方を変えて社会も変えてしまおうという希望と野望に満ちた人々が日本中（ときに海外）から来店し、大繁盛の店になってしまいました。メールやフェイスブックやブログを通して、生き方を変える人たちが連絡をくださるようになり、その返信だけでも日々が忙しくなってしまいました。私の本を読んでくださって、幸せへのダウンシフターに向かう人が続出することは、本当に本当に嬉しいことです。

一方、私自身は毎日満席の店を1人で切り盛りせねばならず、体中が凝りに凝って、体を壊す寸前まで行きました。一日数人のお客様がいれば充分と言っていたのに、一日に2回転もする店になってしまったのです。売上も伸び、嬉しさと困惑の狭間にいたある朝、あまりの忙しさと疲れからか、トイレで大きい方を踏ん張ったとき、意識が薄らいで座っていた便座から前に倒れてしまいました。数秒後、意識が戻ると、前歯二本がない！　やってしまった‼　でも失神したのに便は漏らしていなく、不幸中の幸い！　顔から血を流し、前歯なく、更にはウンコちゃん垂れ流し状態では、「大丈夫?」と駆け寄る妻も、きっとずいぶん引いたことでしょう。

週に1度は歯医者とマッサージに通う中で、〝いくら儲けが増えたって、これでは痛いし辛いし、みっともない。本で書いたこととやっていることが矛盾しているじゃないか。まずいぞ、おい〃　と思いたち、２０１２年の4月から、思い切って週休3

日の店へと舵を切りました。お酒のメニューも減らし、料理も更にシンプル化し、以前に増して不親切な店に到達できたのです。それは一つの挑戦でもありました。なるべく必要以上働かない社会に向けて、自分が背中を見せるんだ……などという偉そうな理屈をつけて。だって、幸福度が高い国と言われるオランダは、年間労働時間が1300時間台。週休4日を目指さねば1300時間まで減りません。よ〜し、もっと働かないように頑張るぞ！

以前、著名な製造メーカーに勤める大学時代の友人が赴任先のオランダから国際電話で愚痴を吐きました。「オランダ人は午後4時になると大事な打ち合わせ中でも帰ってしまう。理由を聞くと、子どものお迎えなどと言う。けしからん奴らだ」「最近忙しくて残業が多く、子どもの寝顔しか見れやしない」。いたって真面目に怒り、愚痴っている様子。子どものために仕事を切りあげるオランダ人に文句をいい、子どものために仕事をあがれない自分の会社に文句をいう。本人は矛盾に気づいていないし、心底ではオランダ人が羨ましいのかもしれない。さあ皆さん、会社のために子どもの寝顔しか見られない生活と、会社から午後4時に家に帰って子どもと遊べる生活と、どっちが幸せですか？　ちなみに労働時間が短いオランダが経済破綻したとか、飢えている、とは聞いたことがありません。幸福度が高い国ですから当然ですが。というこことで、楽しさと幸せを得ながら、週休3日にすることなんぞ、充分可能だと思ったのです。さて、実際のところ、休みを増やしてどうなったのでしょう、と聞きたい方も多いと思います。ありがたいことに、収入が増えないのはもちろんですが、減ることもありませんでした。２００４年開業後2〜3年目から今にいたるまで一貫して、だいたい売上も収入も変わらないままです。最近は、ダウンシフターズ・バブルも崩壊し、店に静けさが戻って来て、来店者とゆっくり話す機会も増え、お店の営業中にうたた寝が出来るほどに客数が減って、安心しています。でも、このまま下降が続くようでしたら、意に反してアップシフトも考えねばなりません。ヘソクリできないとはいえ、今更、週休2日に戻すのもカッコ悪いしなぁ！

とはいうものの、週休3日にしての効用は絶大で、実は売上どうのこうのなどどうでもよく、それを補うには余りあるほど、いろんな夢が叶ってきています。

◉前歯を折らぬために　NPO SOSA PROJECT発足

週休3日の野望を実践した理由は、前歯をこれ以上折らないためでした。ついでに、もう一つの野望もありました。そのころ、千葉県匝瑳《そうさ》市の「アルカディアの里」を通じて私が借りている田んぼの周りに、当店のお客さんやダウンシフターズ志向の方たちが20組くらい、お米の自給を始めていました。そろそろＮＰＯ化して、都市生活者を田んぼに迎えたり、移住者を増やしたりする活動を本格化したいと思っていましたが、店などで忙しく、なかなか実現できないままでした。よって、週3日を休みにして、匝瑳での活動に繋げたかったのです。

今現在、NPO SOSA PROJECTでは、70〜80人の方々、及び、二つの会社と提携し、お米と大豆の自給を斡旋しています。匝瑳への移住者は10人を超えそうです。みんな、なんとかかんとか雇われずに、やりたい生業に励んでいます。耳の聞こえない障がい者、同性愛者、うつの方々、フリースクールの子どもたち、行き場を失った母子家庭など、多様な方々が田んぼで出会い、互いを認めあい、ときにすったもんだし、泣いたり笑ったりしながら、自立して歩んでいて、とっても愉快です。

あるとき、うつ経験者の方々が田んぼ作業のあと、耳の聞こえない女性の住まいに泊まりました。彼女の屈託のないたたずまい、ありのままの正直な姿、田んぼで自給し、古民家を諦めずにゆっくりと直している行動力に、うつの方々が「そうか、こういう生き方もあるんだ」と感動してくださいました。彼女も、「私は耳が聞こえなくなったことを憂えていたけど、こんな私だからこそ人を元気にできるんだな〜って、自分を認めることができるようになった」と言います。今、彼女はブログのタイトルを「聴覚障がいがあるけど、制限を外して自由に生きていく」に変えて、想いを発信しています。ちょっと感動的な話でしょ！　でも実際に会ったら、彼女の普通さ、無邪気さ、アホさ加減に、大いに笑かしてもらえます。

他の移住者たちもみな個性的。過去の怒りや悲しみや苦しみを乗り越えて、それをもネタにできる逞しい仲間たちです。みんなが互いにたくさんの学びと笑いを交換し、弱点を補いながら、田舎暮らしを楽しんでいます。

ＮＰＯとしてのテーマはもちろん「**自給**」。お米や大豆だけではありません。**生業、電気、住まいの自給**を少しずつ実践しています。それぞれ関わるメンバーが、自分の得意分野を活かし、互いを補完しています。ＩＴに強い人が電気自給のワークショップを、料理が得意な人がお弁当を、孤独に悩んだ過去を持つ人が居場所づくりを、という具合に。住まいは1万円から3万円の一戸建てで、庭付き、畑付き、井戸つき。古民家を直したり、住まなくなった家を安くお借りしたり。不動産屋さんで探してもこんな家は見つかりません。地元の方々の直接紹介だからこそ、安価にお借りできます。貸し主も維持に困っているから貸すのであり、互いにメリットとなるのです。しかし、住むまでに至るには大変。家がモノだらけであったり、到底住めるような家でなかったり。それを関わるみんなで可能にしてゆく。お洒落な住まいになるまでには時間と手間隙はかかりますが、高い家賃を払い、そのために嫌な仕事をするよりは、創造性があって面白いものです。訪ねて来る人たちに移住したメンバーのおのおのの家を見てもらうと、安さと広さとセンスの良さを感じて、みんな必ず羨ましがります。

２０１３年の日本の空家率は13％、２０４０年には43％になるとも言われています。

これだけ空家だらけになるのに、わざわざ35年ローンで家を新しく購入せずともいいし、ローン支払いのために仕事に縛られる必要もありません。

今、実は、この原稿を書いている最中も、家を作っています。匝瑳市の地元でお世話になる方が、海辺の800坪の土地を自由に使ってください、と申し出てくださり、その土地にセルフビルドで小さな家／井戸／風呂／トイレ／キッチンなどを作りたいと思っていました。そんな折、久しぶりにたまたま再会した友人と会話していたら、アースバックハウスを作ってみたい、と言うじゃありませんか。なんと、渡りに船。以前からアースバックハウスを作りたいと言っていた私の妻もノリノリ。〝じゃあ、いい土地があるから、そこに作っちゃおう〟となったのです。アースバックハウスとは、土嚢をドーム型に高く積んで作る小さな家。コンクリート建築の4倍の強度で地震に強く、土を利用しているので夏に涼しく冬に暖かい。しかも、とっても可愛くて洒落ています。作っているアースバックハウスは広さにして4畳半くらいでしょうか。予算は30万。全国から50人近くが集まり、作り方を分かち合い、汗を流している最中です。私はその創造過程を横目に見ながら、車中でこの原稿を書いているところ。あぁ、いっしょに汗を流したい！

地方に行くと車が必須ですね。匝瑳に移住したメンバーは、8万～25万円くらいで中古の軽自動車を購入しています。それも地元の方々のご好意でとってもいい車を安く譲ってもらっているんです。以前、九州に講演に行ったとき、3・11を機に東京から阿蘇に移住した友人家族に会ったら、車がグレードアップしてました。「貧乏なはずなのに、なんでこんないい車に替えられたの？」と聞くと、「だって、貰えるんだもん」！

日本は発展〝過剰〟国です。モノが余っていて、捨てるのも苦労する時代です。先にお話しした家にしても車にしても、たいていのモノは、公言して待っていれば、少々の時間はかかるものの、必ず手に入ります。**これからの時代、欲しいものは新品を買うのでなく、「中古」「貰う」「直す」で充分に欲求は満たされます。**お金が掛からない上、手間隙掛けるので、余計に満足度も高まるし、そうして手にしたモノは愛着も湧き、大切に永く使うことになるでしょう。都会でお金を稼ぐのに忙しくて時間がない人は、新品を買ってください。支払いのために頑張って働いてください。使うヒマがない、なんてことにならないようにね。田舎で時間がある人は、待つ力で、お金を掛けずに満足度の高いものをタダ同然で手に入れてください。ゆっくり、モノを味わい楽しんで下さい。

自給がテーマのNPO SOSA PROJECTが貧乏でもまわっている理由は、二つあります。

一つ目は、地元のご年配の方々のご協力によるものです。食べられる野草を教えてくださったり、余った野菜を有り余るほどくださったり、モノを創る手作業の知恵を授けてくださったり、私たちが購入できないモノでも気前よく貸してくださったり、土地や農地をタダ同然で使わしてくださったり、困ったときに手助けしてくださったり。一方、その地元の方々も、都会者の私たちが訪ねて迷惑をお掛けすることを楽しんでくださっています。自分の知恵を授けることができる喜びもあるのでしょうか、みなさん、若返ってしまうようです。

二つ目は、**移住者が雇われない生き方ができるようなカラクリ**にしていることです。移住者は、NPO SOSA PROJECTを通じて、おのおのが興す生業やイベントの告知宣伝をします。入った利益の8~9割を自営業者としての収入にしてもらい、1~2割をNPOに納めて頂きます。NPOに積み上がった利益は、時折り折りで、田んぼを見回ってくれる人、出納してくれる人、会計をしてくれる人、様々な造作を作ってくれた人、などに少しずつお渡しします。こうして、移住者や地元の方にわずかなりでもお金が落ちるカラクリなのです。移住者はそれだけでは足りません。が、一カ月で総計10万円あれば、楽しく暮らせるようです。田んぼ作業に来る方々にお弁当を作るなど、いくつか複数の収入源を持ち、同時に自給しながら暮らしています。

こうして、食べ物と電気と住まいと生業を自給し、互いが互いを補いあうつながりがあれば、少々のお金の循環をもってして、文化的で健康的に安心して暮らしてゆけるのです。もう消費に踊らされたり縛られたりする必要はありません。自由に生きましょう。感謝して生きましょう。笑って生きましょう。

◉なんで呑み屋のオヤジが？〝緑の党 Greens Japan〟共同代表へ

週休3日を計画していた頃のある日、10年来の社会活動仲間から電話が鳴りました。「マチャル（と呼ばれている）、日本にも緑の党みたいなものを立ち上げるんだけど、共同代表になってくれない？」。突然のお誘いにビックリ。私は政治を司るような器はないし、そういうキャラクターでもありません。第一、法律や憲法を読んだだけで30秒で眠りに就けます。もちろんお断りしたのですが、何度か説得を受けて、結局はお引き受けすることになりました。そして、2013年7月に日本初の市民からの政党が誕生しました。この本の「おわりに」の241ページで「選びたい政党も見当らず」と嘆いていたのに、自ら選びたい政党をつくる側の一人になるなんて思いもよりませんでした。

「緑の党」は世界90の国や地域で活躍し、脱原発を牽引したドイツをはじめ、フランス、北欧などでは連立政権にも参加しています。世界的に連携し、六つの基本理念を掲げます。

エコロジカルな知恵…自然と先人の知恵に学ぶ
社会的公正・正義…権利や自由を謳歌し　誰もこぼれ落ちない社会
参加民主主義…一人ひとりの意見が活かされる社会
非暴力・平和…力による支配から対話と協働による共生へ
持続可能性…将来世代とも分かち合える足るを知る営み
多様性の尊重…違いは豊かさを生む源

私が脱サラしてからずっと夢見て来た、経済成長主義でなく、地域地域が主体となり、誰もが認めあいながら、ユーモアをもって自由に生きられる社会を、緑の党は政治に反映しようとするものなのです。スロー、スモール、シンプルをスローガンに掲げています。思えば、たまTSUKIで実践してきた営みも、NPO SOSA PROJECTでの活動も、ダウンシフターズなる生き方も、結果的には全てが緑の党の目指す社会の実践バージョンだったのです。ゆえに私の共同代表としての役割は、政治の難しいことを語るのではなく、目指す未来の先を生きる者として、気負うことなく自然体で後ろ姿を見せることだと考えました。

代表は4人。4人も代表がいるってなぜ？　とお思いかもしれません。緑の党では、最高決定権はすべての会員なんです。何かを決めるにも、熟議を基本としています。

トップダウン、上意下達ということを許しません。これこそまさに参加民主主義。誰もが主役ということなんですね。よって代表は単なるスポークスマン。4人にしている理由は権力の集中を防ぐことと多様性を尊重するためです。国会議員は代表を兼務できないことにもなっています。

画期的なのは、クオータ制（割り当て制）を導入して、役に就く人の半分以上を女性にしなければいけないというルールにしていることです。共同代表も4人中2人が女性です。女性が男性に負けないくらい頑張らないと社会で認められないなんて、オカシイでしょ！　女性が女性の特性を活かして社会で活躍できる社会じゃないとね。そういう社会は、男性にとっても男性的競争価値に引き込まれない要素になると思います。

ひとつエピソードをご紹介します。共同代表と全国協議委員という役割の人たちを選ぶにあたり40人近くの人がプロフィールを公開したときのこと。そこに、誰一人として、学歴を書く人がいませんでした。示し合わせたわけでもないのに。みんな、それが自然だったのです。それって、かっこよくありませんか⁉

緑の党が目指す未来への道筋は、短期的でなく長期的視野に立って、小さくとも一人ひとりが参画し、一歩ずつ歩むものです。ドイツの緑の党が政権与党に出入りできるようになるまでだって、20年かかったのですから。焦らず、しかし、確実に、歩んで行きましょう。

そんな私の緑の党での最初の仕事が、結成宣言を書き上げることでした。何度も何度も提出しては、執行委員、会員の方々からたくさんのご批判ご指摘を頂き、やっと書き上げました。緑の党に関わるみなさんとの共同作業の賜物です。同時に、私が目指したい未来像を宣言にしたものです。緑の党が続くかぎり、結成宣言はずっと残ってゆくことでしょう。全文を載せると長いので、その一部を抜粋します。読んで下さると嬉しいです。

3・11後の今ここに　新たな道を歩み出す
果てない世界市場化と　経済成長呪縛から
世界各地が共に奏でる　色どる経済成熟へ
答えを生きる時がきた

はやさ　大きさ　効率主義　から
スロー　スモール　シンプル　で
適正規模と多様性へ
答えを生きる時がきた

過剰なほどにカネ追わず　過剰なほどにモノ造らず　過剰なほどに働かず
仕事と時間を分かち合い　豊かなこころを蘇らせる
答えを生きる時がきた

買うしか術ない暮らしより
手足　知恵で　創るを楽しみ　与え　支え　いのちを謳歌し
自立しあう安心へ　地域でつながる循環へ
答えを生きる時がきた

色んな人と色んな生き方　互いに凸凹△　認め合い
組み合わさって　補い合い　使命を宿しおのおの輝く
答えを生きる時がきた

テレビの向こうに決断任せず　自ら責任引き寄せて
足元からの微力をつらね　笑顔の未来えらびとる
答えを生きる時がきた

　さて、ありがたくも政党の代表なる大役を頂き、国会議員に出馬しては？　知事選に出ては？　など声をかけて頂くことも多々ありますが、私が本来得意とし、わくわくするところは、どうも政治の場ではないようです。政治を変えたいと真剣に取り組んでいますが、国会や政党活動だけが政治とは限りません。私は、小さな生業から、土の上から、政治を変えてゆきたいので、自分の役割が終わったなら、この大役を降りたいと思います。またもダウンシフト！　もったいないって？　でも大変でね、昼寝もできないんですから！　いずれ歳をとって、同じことを繰り返し自慢する爺さんになったとき、「わしも昔は、国会議員になってくれ、なんて言われたもんさ、どうだ、凄いだろ！」と、誰も聞いてくれなくても呆れられても言い続ける老い方をしてゆくことでしょう。将来の私の周りにいる若い方、どうか、こんな私の長話に付き合ってください。今のうちに、ごめんなさい。

　脱・経済成長の幸せを目指す政党は、緑の党しかありません。アップアップしようとも右肩上がりが好きな方は、他の党を応援してくださいね。

◉カネでやりたいことが叶う？　時間があるからやりたいことが叶う！

　文庫化にあたり、この最終章を書くに至って、〈第10章　小ささで世界を変える〉

を読み返してみました。

プランA　〝たまにはＴＳＵＫＩでも眺めましょ〟フェイドアウト
プランB　軸足を土に、もう片足はコンクリートに
プランC　企業発〝農コミット〟＆〝ダウンサイジング〟
プランD　好きに生きて、ついでに社会革命
プランE　〝ダウンシフターズ〟広がれ

週休3日で当店フェイドアウトが進んで、プランAは現在進行中です。NPO SOSA PROJECTで土の上の作業や自給が広がって、プランBも現在進行中です。NPO SOSA PROJECTで二つの企業と提携して農コミットを拡げたり、当店に集うIT企業家が自社従業員を半農化する例が二つ産まれたり、プランCも現在進行中です。たまＴＳＵＫＩご来店のお客さんや、田んぼで自給を始めた方々や、『ダウンシフターズ』を読んだ方々が、自立に向かうと必ず社会活動に携わるようになります。誰に気兼ねせず、自由に発言できるようになるし、自由に時間を使うことができるからでしょう。そういう変化の報告を頂くと、じわ〜っと感激します。私自身も前述の通り、緑の党の共同代表などという大役をお引き受けし、微力ながら未来の社会変革

に力を注いでいます。ということでプランDも現在進行形です。

プランEももちろん現在進行中です。ダウンシフターズがどんどん増殖しています。本が出てから3年を経て未だに、生き方を変えて幸せになった、といろんな人が報告してくれます。それが私の日常になりつつありますが、やっぱりとっても嬉しいものです。

そこで最後の最後に、ダウンシフターズへのＨｏｗＴｏを書きたいと思います。というのは、私に相談に来てくれる方々に共通する悩みとして、好きなことを生業にする方法がわからない、半農半Xのエックスをどうしたらいいかわからない、というものが多いからです。私の「会社辞めたらいいじゃん」「田舎に行けば収入少なくても充足して暮らせるよ」などという言葉にそそのかされて不幸にならないように予防線を張るためでもあります。たくさんのダウンシフターズは大抵が幸せな歩みをしていますが、私の知る限り、数例の失敗もあります。その失敗例に鑑《かんが》みて、幸せへのダウンシフトＨｏｗＴｏを書きたいと思います。

◉ダウンシフターズ広がれ　幸せへの騙され方――How To生業！

私の夢見る社会は、「総自給的社会」「総自営業的社会」。誰もが自給して、誰もが小さな生業をして、誰もが足るを知るライフスタイルになったら、どんなにいい世の中だろう、なんて夢想するとワクワクします。しかし、「誰もが」というのは現実には難しいでしょうし、金儲けしたい人がいたっていいし、贅沢が大好きな人がいたっていいし、長い人生の中でダウンとアップのメリハリがあってもいい。人類全員がダウンシフターズになったら、多様性も選択肢もなくなってしまいます。私がダウンシフトを勧めるのは、アップを目指さねばならないという価値観に支配されていることに風穴を開け、違う価値と生き方を提案して選択肢を増やしたいからです。世の中の半分くらいの人がダウンシフト志向になるくらいがちょうどよいと思ってます。なので、「総自給的社会」「総自営業的社会」に「的」と入れるには理由があるのです。例えば、都市生活を離れられない人や農が肌に合わない人は、信頼できるお百姓さんと直接つながり、契約し、農繁期には援農に行けばいいでしょう。これを「自給的」と呼ぶわけです。お百姓さんとの信頼はいのちの保険となります。3・11のとき、事故を起こした福島第一原発の正確な情報が入らず、どこに逃げるべきか迷ったとき、受け入れてくれたのが関ヶ原に住まう親しい半農半Xの友人でした。お百姓さんの家は大きいし、手伝うこと（草取りなど）もたくさんあるし、食べ物もたくさんあるので、飛び込んだ私たちも、受け入れてくれた友人も、物心ともに大きな負担がありませんでした。

さて、お百姓さんとつながることは、行動を起こしさえすれば難しいことではありません。半農も土さえあれば始められます。困難なのは、好きなこと（半農半Xで言えばエックス）を小さな生業にする方法です。『ダウンシフターズ』を読んで、もしくは、当店たまＴＳＵＫＩに来て、会社を辞めて自立したたくさんの人たちが実践しているＨｏｗ Ｔｏとその根底の考え方を次に紹介します。参考にしてくだされば嬉しいです。

■1　借金しない

借金をすることは人生の軌道修正を不可能にするし、良心に反することに手を染めやすくするでしょう。電力会社がこの期に及んで原発を再稼働しようとする大きな理由のひとつは、銀行から借金しているから。銀行も貸し付けた大金を回収するのに必死。誰も望まないのに原発を動かそうとするナンセンスは、借金たるものの理由。国の財政もしかり。赤字国債をこれだけ乱発してしまったら、大胆な変革などできないのです。あ〜あ。

借金の月々の返済は経営を圧迫します。利益を小さくして自らの懐を寂しくするか、販売価格を高くしてお客様の懐を寂しくするかの選択をせねばなりません。もっと嫌なのは、カネを貸してくれた人の顔色をうかがわねばならないこと。余計なことに口を挟まれたり、大胆な経営変換もできません。結果、借金を返すために、自分の意に反すること、世の中にとって悪しきことにも、手を染めねばならなくなる可能性が大きいのです。

商売が順調に行っても落とし穴があります。銀行などが必ず、「支店を出せ、多店舗化しろ、もっと設備投資して利益の最大化を計れ」などと融資という名の更なる借金を勧めてきます。謳い文句に踊らされないように気をつけて。そうやって大きくして、失敗した人たちの多いこと。でも銀行は責任を取ってくれません。それどころか、借金の催促だけが続くのです。

ついでながら、自営業を始めると株や先物投資などの営業がたくさん来ます。誘惑にご注意。大抵が失敗します。株で商売をたたむなんてナンセンスでしょ？　そもそも、そうした金融商品が世界の経済を狂わせ、環境破壊や戦争や労働条件悪化を促す原因なのに、それに加担するのはダウンシフターとして失格です。自由を謳歌し、社会を良くするために、借金といかがわしい金融商品は禁物です。

■2　開業は商品券で

借金しないでどうやって？　生業起業商品券を作ってはどうでしょう。小さな商売を始めるのに例えば200万円が必要なら、友人知人100人に2万円ずつ投資してもらう。返却は6000円5枚綴りの3万円商品券にしてはどうでしょうか。投資した友人知人は1万円も得するわけです。しかし、カラクリがあります。例えば飲食店であれば、原価はだいたい3割。売価で3万円とは、原価では1万円。開業者は2万投資してもらって返却は1万円だけになります。両者が1万円ずつお得。しかも5枚綴りなら投資者は友人に数枚をプレゼントするかもしれません。第三者に渡った商品券は、使われない場合も多いのです（笑）。投資者に心理として自分が応援している商売を紹介したくなるものでもあります。つまり宣伝効果も高まります。いかがでしょう、実はWin&Win！　信頼が上書きされたお金の循環を自ら創っていきましょう。

■3　ライフスタイル基準金額

本書の第5章124ページに書いてあります。自分の望みたい暮らしにいくら必要なのかを計算して、その基準金額だけを生業で稼ぐ方法を考えてみてください。基準金額まで達成するためのビジネス論は、本屋に行けばいくらでもその類いの本があるのでご参照ください。肝心なのは、基準金額を超えないようにすること。及び、幸いにも基準金額を超えたら、基準まで売上を減らす工夫をすること。ここが難しい。欲との戦いかもしれませんが、**欲望のままに上昇してゆくと、後で痛い目に合いますから、長じて考えれば、基準金額をキープする方が、心も暮らしも商売も安定します。**足るを知る経営が、幸せへの最短距離です。

■4　大量消費型生活から降りること

ライフスタイル基準金額を考えるとき、望みたい暮らしリストに、ブランド品が欲しい／毎月洋服を買いたい／外車を乗り回したい／毎日気兼ねなく缶ジュースを買いたい／酒を飲みたいときに財布の中身を気にせず飲みに行きたい……などの欲望を入れていたら、まずは失敗します。理由は第9章の213ページから書いております。私自身のことで言えば、年に1回ジーンズと靴を買うか買わないか、Tシャツは1～2枚、下着や靴下は少なくなったら買う、くらいです。中古やリサイクルや古着も利用します。また、直せるものは直します。ジーンズで言えば、1本につき3～5回はリペアします。お洒落はブランドや所有では叶いません、着こなしのセンスです。缶ジュースはほとんど買いません。特に自動販売機では買いません。国内に約600万台ある自動販売機（国民20人に1台）は、買おうが買うまいが昼となく夜となく冷蔵や保温のために電気を浪費しています。大型原発の1基分の電気です。自動販売機がたくさんある景観は、センスないですしね。

■5　ミニマム主義～スモールメリットが活かせる適正規模

本書の第5章128ページから、及び、138ページから書いてあります。小ささのメリットを最大限に活かし、ミニマム主義に徹しましょう。3で書いたライフスタイル基準金額とミニマム主義はセットです。「ミニマム主義ではお金と向き合うけど、キリがない欲望には付き合わないのが前提です」という138ページの源さんの言葉を心に刻んで下さいね。一番いいのは一人ビジネスです。人件費は自分だけ。それがリスクを下げるし、気楽だし、利益効率が一番高いのです。でも1人ではできないこともあります。人数が増えても、ミニマム主義なら大丈夫です。

■6 余計な設備投資をしない～Do it yourself／中古／貰う

小さい生業なら大きな設備投資など必要ないはずです。いつか大きくしようなどと野望を描くから大金を掛け、借金になり、負担が増えるのです。オフィスだろうと店舗だろうと、センスよくするにはどうすればいいでしょうか？　答えは大金を掛けるか、自分でDo it yourselfするかです。おそらく読者のみなさんは貧乏でしょうから、後者を選ぶことでしょう。自分流の個性的でお洒落な空間は、顧客を惹き付けるはずです。備品や道具や材料も新品で揃える必要はありません。世の中には、モノがあり余っています。「これが欲しい」と発信すれば、多少の時間はかかりますが、たいてい「あげるよ」と言う人が現れます。また、なければないで、創意工夫が生まれるものです。モノが揃わないとできない、というのは言い訳に過ぎません。

■7　引き算思考

儲けるためのビジネス書を読むと、あれもこれもと「しなければならないリスト」がたくさん掲げられていて、そのコストを積み上げただけで、「開業なんて無理」と思わされてしまいます。そういう本を読んだら、ホントかなぁ？と疑ってください。小さな生業では、しなければならないリストの項目をどんどんゴミ箱に入れて、やることを減らしてください。コストも小さくなって、なんだ、生業なんて簡単にできそうじゃん、って思えるはずです。

■8　稼がない自由

本書の第5章118ページに書いています。大稼ぎしたい人は、遠慮せずにチャレンジしてください。ただし、稼ぎたいという欲望に比例して失敗の可能性も高まります。昨今の世の中を見るに、カネの羽振りのいい人間ほど成金っぽくてカッコ悪い。稼がない自由って、痩せ我慢な江戸っ子的だし、余裕も醸《かも》し、粋《いき》じゃないですか！カッコいいと思うのは私だけでしょうか。

■9　友産友消《ともさんともしょう》

地産地消なる言葉は、最近では自民党ですら言い出しているので呆れますが、それくらい認知された言葉になったことは喜ばしいことです。地域でヒト／モノ／エネ（エネルギー）／カネが巡り循環することですが、生業ではさらに狭めて、つくる人と買う人が友人同士というのが、友産友消です。この言葉、ナマケモノ倶楽部で一緒に活動する藤岡亜美さんの造語です。「友」とは、学生時代の「友」や馴れ合いの「友」ではありません。持続可能なホンモノを追求する素晴らしい生業の人と出会い、ご縁を大切にし、信頼の年輪を重ねて、「友」になりましょう。ホンモノを作り、社会にお役にたっている人たちは、心からリスペクトできる方々ばかり。自分が仕入れのために払うお金がステキな生業をする方々に巡ってゆく。いい生業をしていれば、その循環に必ず入ることができます。愛と真心と一緒になったお金の循環。その循環のお蔭で、広告を打ったりチラシを配ったりして媚びを売り、コストを掛ける必要がなくなります。大きな権力（権力者や大手取引先やグローバル経済など）に屈する必要もなくなります。こうしたお金の循環はどんな保険よりも安心だし、何より、感謝と感動をいただけるようになります。

■10　真似られ上手／手放し上手

自分が得たライフスタイルやビジネス論や取引先は、商売敵《がたき》や新規参入者にもどんどん紹介しちゃいましょう。ノウハウを真似られちゃいましょう。情報を差し上げましょう。小さな生業がうじゃうじゃ日本中、世界中に広がるように貢献しましょう。そうしたことで自分の生業の売上が下がるなんて心配しなくて大丈夫です。既にある自らの〝1〟を自分だけで囲い込んで〝2〟にしようとしても倍増は難しいものです。それより〝1〟が近所や他の地域で真似られることで、社会全体では〝2〟にも〝3〟にも、その数の分だけ広がります。おまけに人から「分かち合いの広い心を持った方だ」とお褒めの言葉を頂き、ルーツパーソンとしての価値が高まるので、結局は売上も安定につながります。

■11 セルシェアリング／商売の分かち合い

売上を分かち合う、商売を分かち合う。週休3日にして、ありがたいことがあります。近所のお店の店主から声を掛けられて、「高坂さんの店が休みだったと言って、うちの店に来てくれたんですよ」。ちょっとだけ悔しさも湧くのですが、それ以上に、なんだかほんわかで幸せな気分になれるのです。こんなこともあります。当店が満席でお客さんが入れない場合に、近所の同じ志向の店（そんな店が数店舗ある）へ案内します。すると、彼らの店が満席の場合、私の店に案内してくれるのです。更には、「うちの店より高坂さんの店の方がこの方に合うから」といって連れてきてくれることすらあって、思わず笑ってしまいます。「セル（売上）シェアリング」の醍醐味です。

取引先はお客様にどんどん紹介しちゃいます。例えば、当店で出している寺田本家のお酒を自分で買いたいというのでご紹介したところ、そのお酒を毎晩の晩酌にしたらアトピーが治った、便秘が治ったと感謝いただけることもあります。この手柄は私のものでなく、酒蔵さんの手柄です。家で晩酌しているのに、同じ酒を飲みに当店に来てくれます。原価の倍以上の値段とわかっていても飲みに来てくださる。笑えますね。

同じく取引先を近所の同業者にもどんどん紹介しちゃいます。例えば、当店で仕入れている八百屋のマート城山さんの野菜は、ご近所の4店舗で使われています。料理する人も違えば、出し方も違うし、店の雰囲気も違う。マート城山さんの目利きしたおいしい野菜をたくさんの方が堪能してくださることが嬉しいのです。八百屋さんも近所のお店もお客さんも喜んで、さらには、私にも感謝していただけて、みんな幸せなんて、いいでしょ。

■12　マルチプル・インカム（月3万円ビジネス／持ち寄り家計）

ひとつの生業で生きてゆくと決めなくてもいいかもしれません。私の尊敬する発明起業家の藤村靖之さんが書いた『月3万円ビジネス』（晶文社）には、2日間だけで3万円を稼ぐ方法論が述べられています。その方法をライフスタイルに合わせていくつ持てば幸せに暮らせるか、という斬新な内容です。いくつもの小さな生業で生計を立てることを、マルチプル・インカムと言います。昔流に言えば、持ち寄り家計です。ダウンシフトして田舎に移住して半農半Xで暮らすなら、一人暮らしであれば月10万円あれば充分です。月3万ビジネスを3~4つ持てばいいわけです。家族がいるならそれなりに計算してみてくださいね。

■13 商売多様性／使命多様性

こうして一人の中にもたくさんの生業が共存し、地域の中でもたくさんの生業が存在するときに、生きるための選択肢が多様になります。それは一人ひとりの使命が生まれることでもあります。自分の使命を自分で認識できれば、生きることが楽しくてたまらなくなります。他人の使命も尊重できるようになり、ひがみやそねみもなくなるでしょう。毎日、明日が楽しみになります。

さらに言えば、得意なことを生業にする人が増えるということは、それが苦手な人や、それができない人が、その生業を支えてくれるということを意味します。自分の苦手やコンプレックスが誰かの生業を支えるわけです。私の場合、英語と、法律などの固い文章と、理科系と、ＩＴが苦手です。あるときまでは、それらを克服できない自分が大嫌いで、コンプレックスだらけでした。でも今は変わりました。私が英語がしゃべれない分、通訳や翻訳の仕事をする人を支えることができる。私が法律が苦手な分、それを得意な人が活き活き自慢しながら仕事ができる。私が機械やパソコンで困ったとき、〝しゃあねえなぁ〟と言って嬉しそうに直してくれる人がいる。上から目線で言えば、私がダメなお蔭で、誰かが役に立って喜んでくれるわけです。人というものは、誰かに喜んでもらえてこそ自分の存在に意義を見出し、人生の充実や欲求を満たす生きものです。私は彼らに役割を届けて、恩返しとして得意なことで彼らにお返しすればいいのです。そう考えると、自分のダメが誰かを支えていることに気づき、自分のダメな所を許すことができます。自分のダメな所を許せれば、他人のダメな所を許すことができる大きな心を得られます。誰にでも、その人なりの役目があるのですね。長所だけでなく、短所すら活かして、自分に使命を宿らせることができる。その使命が組み合わさることで、たくさんの生業が成り立ち、使命多様性と商売多様性につながるのだと思います。

■14　好きなことを全て入れてオンリーワン

本書の第5章132ページに書いてあります。自分の好きなことを全て生業に組み合わせたら、人生が楽しくてたまりません。私の場合、趣味とやりたいことを仕事に全部取り入れているので、余暇での趣味がなくなってしまいました。そして、自分探しも終わりました。

好きなことを仕事にする場合の注意点があります。夢中になって際限なく仕事をしてしまうことです。すると、せっかくの好きなことが、嫌いになる場合があります。飽きないように、好きで楽しい仕事でも区切りをつけて、休みを確保することが大切で、それが持続可能性につながります。

■15　人をつなぐための場にする

楽しい生業をしている人のところには、必ず人が集まってきます。逆に言うと、楽しくない仕事をしているなら、人は寄ってきません。生業を通じて、様々な関係性をつくり、訪ねて来る人をつなぎ、みんなを笑顔にしましょう。時に訪ねてくる人がお金を使ってくれなくても、「コノヤロー」などと思わず、大切に接してください。きびしい格差社会だから、お金を使えない人が多いのです。でも大丈夫。接着剤役をする人はリスペクトされ、そこにさらに人が集《つど》ってくるので、必ず生業への売上やチャンスに返って来ます。

■16　市街地と周辺農山漁村を繋げる

これ自体が社会革命です。日本の農山漁村が元気になれば、市街地住民の安全と安心と美味しい食べ物、きれいな空気と水が約束されます。そして、街と村の問題点を補いあい、互いに往還しあい、互いを笑顔に変えてゆく形のビジネス的貢献こそ、これからの時代に最も求められる大切なことです。富山県ではひと昔まえ、町と山村漁村を行き来するビジネスの在り方を**「のこぎり商い」**と呼んだそうです。漁師が農村に魚を売りにゆき、農家はお金がないから大豆で支払い、漁師は町の豆腐屋に大豆を持ち込んで現金に変える。行ったり来たりするから「のこぎり」と表現したのだそうです。なんだかほのぼのするし、安心な形だと思いませんか？

■17　心の効率性

嫌なことはしない。人や環境に悪いことはしない。道徳に反することはしない。権力の言いなりにならない。つまり、加害者にならない。幸せの持続可能性は、そこに尽きます。何も犠牲にせず、いいサービスをする、いいものを売るという一貫したビジネスセンスを求めている人が、必ずお金を落としに来てくれます。小さな生業だからこそ、本物を求める少数の顧客に支えられるのです。

いかがでしょうか？　ダウンシフトできそうですか？　生業、起こせそうですか？　難しく考えなくてもいいでしょう。かつての八百屋さん、魚屋さん、豆腐屋さん、布

屋さん、乾物屋さん、醬油蔵さん、酒蔵さん……どんな生業の人も経営学や経済学なんて学ばずともできたでしょう。足し算引き算ができれば充分です。自分も喜び、人も喜び、世の中をよくする生業を起こして、自ら遊び、楽しみ、その背中を見せて、後に続く人の夢になりましょう。でなければ、ビジネスではないと思います。神奈川県大磯で地域活性を生業にしている原大裕さんの言葉が笑えます。「あそびは真剣に仕事はあそび心で」。

とは言っても、私の本と言葉にそそのかされて、脱サラし、生業を興したが、失敗した例もいくつかあります。開業前からそうした方々の相談に乗っていて、「あれ、危なっかしいな〜」と思ってアドヴァイスしても、聞く耳を持ちません。例えば、「その物件は大きすぎるから、小さくした方がいいよ」と言っても、「気に入ったので」「時間がないので」と進めてしまいます。例えば、「そのライフスタイルを改めない限り、新しい生業でそれに見合う売上は無理だよ」と言っても、消費主義を変えずに突き進んでしまいます。例えば、「そのスタイルで商売するなら売上は大きく見込めないので、田舎で移住して、固定費を下げて、自給しながらでないと不可能だよ」と言っても、高コストになる都会で開業してしまいます。見ていて辛いのですが、本人が決めた道ですから、止めるわけにもいきません。失敗しても、「やってよかった」という方が多いのは、後悔しないだけ自分の意志で行動したからでしょうか？

次の生業はうまくいきますように！

一方、既に生業を起こしている人が、ダウンシフトを実践してみたら、逆に収入があがり、時間も余るようになり、好きなことができるようになった、という場合もあります。

例えば、ある農業団体代表のAさん。大きくなることが使命だと疑いを持たずに邁進し、従業員を増やし、農産物の収穫や農地拡大や販路拡大で忙しい上、都市からの農業体験者の受け入れや、勉強会開催で、休みのない日々でした。ダウンシフトで行こうと決め、勉強会部門の担当者に自立してもらい、農業体験者受け入れ部門の担当者にも自立してもらい、田畑を一定の広さに留め、販路をシンプル化しました。するとAさん、人件費と雑務が減った分、売上は下がっても、逆に収益が増え、週に1〜2回の余暇を取れるようになり、子どもの送り迎えや趣味のサーフィンができるようになったと喜んでいました。自立した人もNPOを立ち上げ、充実した活動をされていて、様々なマスメディアにも登場するほど活躍されています。

もう一つの例を。ある天然酵母のパン屋さん。自宅店舗でパン屋を仕切っていたお母さんが亡くなり、突然に受け継ぐことになった息子さんは、結婚して子どもが生まれたばかりでした。睡眠が3時間もないほどに働けど働けど、自分にお給料が残りません。できたばかりの家族とも会う時間すらない。それもそのはず。お母さんはお父さんの仕事（サラリーマン）のお給料で家族を養っていて、パン屋稼業は採算ゼロだったのです。パン屋さんに憧れ、お母さんを慕って集まってきたアルバイトさんたちへの人件費で全て消えていました。安全食品のインターネット販売を営む知人にお菓子を卸して、月15万円の収入もあったのですが、それも全部人件費に回して、採算ゼロ。悩み苦しんだ結果、ダウンシフトを決意。アルバイトの方々と納得がゆくまでお話しし、自立をお勧めし、お辞め頂きました。そもそも、パン屋さんをいつか営みたくて集まってきた方々。このことをキッカケに、隣り町に共同経営でパン屋さんを開業しました。さて、息子さんは、インターネット販売への卸を安定化させ、一人でも製造と販売ができる範疇にするために自宅店舗を週2日のみの営業にしました。パンの製造に2日、店舗営業に2日、お菓子の製造と卸に1日、となったので、週休2日が実現。人並みに暮らせる収入になり、家族ともゆっくり時間がとれるようになりました。

二つの例から見えることは、拡大からダウンシフトに志向したことで、売上高は減ってもコストがそれ以上に大きく減り、最小人数で業務をこなせるようになり、余暇時間や休日が増える上に、収入も増えるということです。そして、もっと大事なことがあります。雇われていた人が自立し、自営業者が増えたということです。夢が叶った人が増えたということです。

一方、世の中には「自立」の名のもとに、社員をクビ切りし、名ばかりの請負業者にする会社もあります。「自立」がクビ切りの口実に使われないように、その人の意志と可能性を優先する必要があります。

こうしてダウンシフトした方々は、面白いことに、たいていが社会活動を始めます。そもそも生業自体が社会をよくすることである場合がほとんどですが、更に余暇を使って、世の中に働きかけるようになるのです。すると視野や仲間が広がり、めぐりめぐって自分の生業にも好影響になる。気がつけば、仕事と遊びの区別もなくなってきちゃいます。楽しそうでしょ！　しめしめ、うれしいなぁ！　だから、心優しくていい人こそ、自立しちゃいましょう。変革の先を生きてしまいましょう。ビルの中でスーツを着て闊歩する人をいかがわしい存在にしてしまいましょう。自分に正直にまっすぐ生きちゃいましょう。

⦿下から目線で変革の先を生きる

ダウンシフトと聞いて、「私はそもそもダウンなんてできないほどの低収入だから」とか「仕事すらないのにダウンシフトなんてできない」という方もたくさんいます。しかし、ダウンシフトの本質は、収入を減らすことであったり、会社を辞めることだけを言っているのではありません。むしろ、低収入の方たちや仕事がない方たちこそ価値観を変えて、カネを追う人たちより幸せになってほしいという思いを込めています。

最近私はよく、「下から目線」という言葉を使っています。upを目指す人はみな競争に明け暮れてアップアップして苦しそうです。そういう人たちはたいてい、日経新聞を読んで真に受けて、TPPに賛成し、原発も必要だ、などと真実もしらずに社会への無知を曝し、競争に負けるヤツは弱いからだ、などと、ののしります。生活保護の人、仕事がない人、ニートやフリーターの人を、上から目線でばかにして、競争社会をサバイバルしているという自負心でなんとか自分を保っています。そんな彼らも、遅かれ早かれ必ず競争からこぼれて下に落ちて来ます。自ら降りるのでなく、会社から落とされるほど、悔しく理不尽なことはありません。他に道も見えず、絶望するでしょう。そのときになってやっと、この社会のおかしさに気づくでしょうが、手遅れです。

ダウンシフターズは、心優しき勇気ある方々。ばかにしていたそんなヤカラが上から落ちて来ても、下で待ち受けて両手で受け止めて、優しく土の上にソフトランディングさせてあげる。そして言うでしょう。「種をあげるから、足元に蒔けばいいよ」。ビルの上にいる人たちは、仮に空から種を蒔いて実がなっても、窓から手を伸ばして収穫することはできません。誰かに頼むしかない。自分のいのちを誰かに預けてしまっているのです。どうですか、upを目指す上から目線のヤカラを〝哀れだなぁ〟と小ばかにしながらも、彼らが下に落ちてきたら優しく迎えてあげる。これ、下から目線！　なんと、おおらかで包容力があってステキじゃないですか。

この本の冒頭に社会学者のジュリエット・B・ショアが定義した「ダウンシフターズ」について書きました。〈過度な消費主義から抜け出し、もっと余暇を持ち、スケジュールのバランスをとり、もっとゆっくりとしたペースで生活し、子どもともっと多くの時間を過ごし、もっと意義のある仕事をし、彼らのもっとも深い価値観に合った日々を過ごすことを選んでいる人〉。これだと少々カッコよすぎるので、〃照れ屋ヴァージョン〃なるものを考えてみました。〈〃社会を降りて社会を変える〃なんて屁理屈を抜かし、過度な消費や経済成長モデルから降りたヤカラ。小さな生業や収入だが、好きなことや得意なことを仕事にして、遊びとの区別がない。自分の食いものをせこせこ自給したり、モノや家を自分で手がけるなど、器用貧乏。なぜかツレが多く、幸せなやつが多い〉。

庶民を巨大経済システムのもとで働かせて給料を渡し、余分で必要のないモノを消費させることで、一部の大金持ちたちは潤っています。大金持ちは既得権益を守るために、裏から表から政治家にカネを配り、政策を自分達の利益に誘導します。利益のため、経済のためなら、戦争も環境破壊も人権侵害も憚《はばか》りません。

企業で働く人が減ったら、消費者が減ったら、大金持ちも政治家も困ります。売上や税金を取れる対象が少なくなるからです。ダウンシフターは、必要以上は消費しません。消費者なんかに成り下がりません。自分で、自分たちで、作れるからです。世の中を壊してゆく存在に加担せず、その存在を必要のないものにしてしまい、自分たちの生きたい社会を足元に作ってしまうことが、革命なんだと思います。消費そのものを否定するわけではありません。例えば、ホンモノのお豆腐を消費するとき、100丁は買わないでしょう。とっても美味しいナスだからといって100本は買わないでしょう。その日を美味しく楽しく食べるのに、大金は要らないし、大金を調達するための労働も要りません。しかし、消費者に成り下がったアップシフター志向の人々は、例えば一年に1度しか着ないかもしれない服を毎月何着も買うことでしょうし、そのためにあくせく働くのでしょう。地球上のどこかの誰かや何かを犠牲にすることに気づかずに。それとも気づかぬフリをして。良心に蓋をして。

革命の先を生きるダウンシフターは、カネに縛られて足るを知らないヤカラを下から目線でばかにしつつ、彼らが落ちて来た時は、イヤミのひとつでも喰らわしてから、優しく手を差し伸べてあげましょう。

上を目指すしか価値観がなかった方、降り遅れませんように!

◉主要参考文献

『ニンジンから宇宙へ――よみがえる母なる大地』（赤峰勝人、なずなワールド、2002）
『自然農から農を超えて』（川口由一、カタツムリ社、1993）
『スロー・イズ・ビューティフル――遅さとしての文化』（辻信一、平凡社、2001）
『環境破壊のメカニズム――地球に暮らす地域の知恵　改訂版』（田中優、北斗出版、2002）
『木を植えましょう』（正木高志、南方新社、2002）
『わらのお話――食を通して生き方を探る』（船越康弘、カントリーイン百姓屋敷わら、2004）
『発酵道――酒蔵の微生物が教えてくれた人間の生き方』（寺田啓佐、河出書房新社、2007）
『ルポ 貧困大国アメリカ』（堤未果、岩波書店、2008）
『「年収6割でも週休4日」という生き方』（ビル・トッテン、小学館、2009）
『いよいよローカルの時代――ヘレナさんの「幸せの経済学」』（ヘレナ・ノーバーグ＝ホッジ＋辻信一、大月書店、2009）
『土から平和へ――みんなで起こそう農レボリューション』（塩見直紀と種まき大作戦、コモ

ンズ、2009）
『究極の田んぼ——耕さず肥料も農薬も使わない農業』（岩澤信夫、日本経済新聞出版社、2010）

◉**参考映像**

『ジャマイカ　楽園の真実』
『六ヶ所村ラプソディー』
『降りてゆく生き方』

解説　「絶望に効く」生き様

山田玲司

「たまにはTSUKIでも眺めましょ」（略称たまつき）

などというふざけた酒場があるという話はよく聞いていた。

僕は60年代の問題意識にあふれた漫画や特撮を見て育った漫画家で、環境問題についてもわりと昔から首を突っ込んできた漫画家なので、ありがたい事に僕の友人には本格的な環境活動家の人や科学者や環境ジャーナリストの人なんかがたくさんいます。

ある時期からそんな「環境問題あきらめませんよ軍団」の人に「山田さん〝たまつき〟行きました？」とか聞かれるようになったわけです。環境系の人たちや最新の生き方を求める人たちにとっては、まるで都内に出来た話題の最新スポットみたいな存在の店が「たまつき」でした。

それって60年代の「六本木キャンティ」だの80年代の「原宿クロコダイル」だの90年代の渋谷のクラブなんとかだのみたいな感じの店なんじゃないの？　みたいな空気に、「一回ぐらいは覗いてみたいもんだなあ」とか思っていた。そんな頃僕の前に不思議な男が現れた。

それは2011年を迎える年越しの環境トークイベントだった。この年に起こるとてつもない激変を想像もせずに僕らはいつものように環境系に起こった「悪いこと」と「良いこと」や「こういう流れでいけばうまくいくよね」「こういうの始めたんだ」とかいい感じで飲みながら語り合っていた。そして年が明け「もういいや」とばかりに頂いた日本酒などを紙コップでだらしなく飲んでいた時だった。「高坂といいます、たまつきっていう飲み屋をやってて……」と声をかけられた。出た。こいつか。こいつが噂の「資本主義から降りちゃったけど人生楽しんでるダウンシフターズ」か。

などと思いながら、僕は「神様ありがとう」と思っていた。

環境問題だの成長の限界だのが騒がれ始めたのはもうはるか昔の話で、環境問題には時々ブームが訪れては、この地球のどうしようもない現状を嘆き、ろくな対策も進まないままブームが終わる、というサイクルを繰り返していた。

僕のような頭の悪い外野から眺めていても問題は明らかで「人類は狭い地球で好き放題にやれる時代の終わりを認めたくない」という事だろう。

そして「このままがいい」という人たちが「このままじゃまずい」という人たちを

ねじ伏せようとしたり、せっかくの「自然を大切に」の人たちがつまんない内輪モメしてたり、自分の人生がままならなくて不満だらけの人が無意味なケンカを仕掛けてきたり、ともかく僕は「うんざり」していた。

そんな中で「俺、資本主義降りましたー」「でも楽しく生きてます」みたいな人間が出てきてもいいのになあ……なんて勝手なことを考えてたわけです。

そこにダウンシフター「高坂勝」の登場ときたわけです。

彼は僕とほぼ同世代。あの歴史的拝金熱病（バブル）時代に青春の日々を過ごし、音楽だの旅だのに浮かれてきた世代だ。この辺はちょっと重要な話で、就職氷河期世代だのリーマンショック以降の世代が生きるために「半農」とか言い出すのとは違うのだ。

「金はあるけど幸せじゃない」という経験をした人の「半農」は選択肢なしの「半農」とは違う、自分の選択した「金じゃないよ」の生き方なわけです。

あの狂気の時代（バブル）の体験に何らかの価値があるとするなら、「あれ？　お金があるのに幸せじゃないじゃん」という実感と「お金のためにこんなに人生はダメになるんだ」という学びだろう。それは「物質的に恵まれ」「自分の価値」を信じて生きてこられた呑気な世代だからこそ感じることのできる感覚だ。

団塊世代ですら幼少期に物のない時代を体験しているので「物が手に入れば幸せに近づく」と思えるらしいけど、僕らバブル世代は「物」があるのは当たり前で、「本当に自分を満たす何か」を求めてしまうようになっていた。こういう意識はかつては「選ばれた階級の選ばれたる悩み」だったのだろう。

それが僕のような普通の漫画家やかつての高坂君のような普通のサラリーマンすら動かしていく時代が始まっているのだ。

「ダウンシフターズ」なる価値観が「金と物」を減らしても「本当に必要な何かを求める」という進化を遂げたのなら、その登場は産業革命以降のひどい酩酊状態からの「小さな目覚め」だと思う。

贅沢な世代の贅沢な葛藤が生み出した「まともな時代」の始まりかもしれない。自分の話をするなら、僕もある時期から「誰かにとって何らかの救いになるような漫画」が描きたいと思うようになり、「絶望に効くクスリ」という漫画で毎週誰かと対談をしては「絶望に効く何か」を探すような漫画家になっていました。

高坂君と出会ったころはその連載も週刊漫画誌では終わっていたので彼に出てもらう機会は逃してしまったのだけど、彼の「別に平気っすよ」という呑気な笑顔と生き様になかなかに「絶望に効くクスリ」だといつも思います。

そしてこういう人と出会えるんだから「案外神様も意地悪じゃないんだな」とかも思うのです。

減速すれば、景色が鮮明に見える。発見もある。

——村上龍

本書は、二〇一〇年十月、幻冬舎より刊行された単行本『減速して生きる——ダウンシフターズ』の書名を変え、書き下ろしの最終章を追加したものです。

老人力　赤瀬川原平
20世紀末、日本中を脱力させた名著『老人力』と『老人力②』が、あわせて文庫に！　ぼけ、ヨイヨイ、もうろくに潜むパワーがここに結集する。

それからの海舟　半藤一利
江戸城明け渡しの大仕事以後も旧幕臣の生活を支え、徳川家の名誉回復を果たすため新旧相撃つ明治を生き抜いた勝海舟の後半生。（阿川弘之）

老いの生きかた　鶴見俊輔編
限られた時間の中で、いかに充実した人生を過ごすかを探る十八篇の名文。来るべき日にむけて考えるヒントになるエッセイ集。

ウルトラマン誕生　実相寺昭雄
オタク文化の最高峰、ウルトラマンが初めて放送されてから40年。創造の秘密に迫る。スタッフたちの心意気、撮影所の雰囲気をいきいきと描く。

大山康晴の晩節　河口俊彦
空前の記録を積み上げた全盛期。衰えながらも、その死まで一流棋士の座を譲らなかった晩年。指し手と人生から見る勝ち続けてきた男の姿。（yomoyomo）

酒呑みの自己弁護　山口瞳
酒場で起こった出来事、出会った人々を通して、世態風俗の中に垣間見える人生の真実をスケッチする。イラスト＝山藤章二。（大村彦次郎）

下町酒場巡礼　大川渉／平岡海人／宮前栄
木の丸いす、黒光りした柱や天井など、昔のままの裏町場末の居酒屋。魅力的な主人やおかみさんのいる個性ある酒場の探訪記録。（種村季弘）

東京酒場漂流記　なぎら健壱
異色のフォーク・シンガーが達意の文章で綴るおかしくも哀しい酒場めぐり。薄暮の酒場に集う人々との無言の会話、酒、肴。（高田文夫）

旅情酒場をゆく　井上理津子
ドキドキしながら入る居酒屋。心が落ち着く静かな店も、常連に囲まれ地元の人情に触れた店も、それもこれも旅の楽しみ。酒場ルポの傑作！

銀座旅日記　常盤新平
馴染みの喫茶店で珈琲と読書をたのしみ、黄昏の酒場に人生の哀歓をみる。散歩と下町が大好きな新平さんの風まかせ銀座旅歩き。文庫オリジナル。

地名の謎　今尾恵介

地名を見ればその町が背負ってきた歴史や地形が一目瞭然！　全国の面白い地名、風変わりな地名、そこから垣間見える地方の事情を読み解く。（泉麻人）

鉄道地図　残念な歴史　所澤秀樹

赤字路線が生き残り、必要な路線が廃線になるのは、なぜ？　路線図には葛藤、苦悩、迷走、謀略が詰まっている。　矛盾に満ちたその歴史を暴く。

宮脇俊三　鉄道紀行セレクション　小池滋編

名編集者であり、鉄道ファンとしても知られる著者の鉄道紀行集。全著作の中から、世代を超えて読み継がれ愛されるユーモアあふれる作品を厳選。

大東京ぐるぐる自転車　伊藤礼

六十八歳で自転車に乗り始め、はや十四年。ペースメーカーを装着した体で走行した距離は約四万キロ！　味わい深い小冒険の数々。（平松洋子）

建築探偵の冒険・東京篇　藤森照信

街を歩きまわり、古い建物、変わった建物を発見し調査する〝東京建築探偵団〟の主唱者による、建築をめぐる不思議で面白い話の数々。（山下洋輔）

驚嘆！　セルフビルド建築　沢田マンションの冒険　加賀谷哲朗

比類なき巨大セルフビルド建築、沢マンの全魅力！　4階に釣堀、5階に水田、屋上に自家製クレーンも！　帯文＝奈良美智（初見学、岡啓輔）

戦前の生活　武田知弘

軍国主義、封建的、質素倹約で貧乏だったなんてウソ。意外で驚きなトピックが満載。夢と希望に溢れ、ゴシップに満ちた戦前の日本へようこそ。

神国日本のトンデモ決戦生活　早川タダノリ

これが総力戦だ！　雑誌や広告を覆い尽くしたプロパガンダの数々が浮かび上がらせる戦時下日本のリアルな姿。関連図版をカラーで多数収録。

ボビー・ジョーンズ　ゴルフの神髄　ボビー・ジョーンズ　シドニー・マシュー編　前田俊一訳

マスターズの創設者にして、28歳でグランド・スラマーとなった「球聖」ボビー・ジョーンズが、ゴルフの本質とは何なのかを記した名著。（湯原信光）

悠々として急げ　中部銀次郎

「ゴルフがうまくなるとはどういうことなのか」を、生涯追求し続けた天才アマチュア・ゴルファーの言葉があふれる一冊。写真多数。（阪田哲男）

思考の整理学　外山滋比古

アイディアを軽やかに離陸させ、思考をのびのびと飛行させる方法を、広い視野とシャープな論理で知られる著者が、明快に提示する。

ライフワークの思想　外山滋比古

自分だけの時間を作ることは一番の精神的肥料になる、前進だけが人生ではない――。時間を生かして、ライフワークの花を咲かせる貴重な提案。

質問力　齋藤孝

コミュニケーション上達の秘訣は質問力にあり！これさえ磨けば、初対面の人からも深い話が引き出せる。話題の本の、待望の文庫化。（斎藤兆史）

段取り力　齋藤孝

仕事でも勉強でも、うまくいかない時は「段取りが悪かったのではないか」と思えば道が開かれる。段取り名人となるコツを伝授する！（池上彰）

齋藤孝の速読塾　齋藤孝

二割読書法、キーワード探し、呼吸法から本の選び方まで著者が実践する「脳が活性化し理解力が高まる」夢の読書法を大公開！（水道橋博士）

あなたの話はなぜ「通じない」のか　山田ズーニー

進研ゼミの小論文メソッドを開発し、考える力、書く力の育成に尽力してきた著者が「話が通じるための技術」を基礎のキソから懇切丁寧に伝授！

スタバではグランデを買え！　吉本佳生

身近な生活で接するものやサービスの価格を、やさしい経済学で読み解く。「取引コスト」という概念で学ぶ、消費者のための経済学入門。（西村喜良）

仕事に生かす地頭力　細谷功

仕事とは何なのか？　本当に考えるとはどういうことか？　ストーリー仕立てで地頭力の本質を学び、問題解決能力が自然に育つ本。（海老原嗣生）

「社会を変える」を仕事にする　駒崎弘樹

元ITベンチャー経営者が東京の下町で始めた「病児保育サービス」が全国に拡大。「地域を変える」が「世の中を変える」につながった。

雇用の常識　決着版　海老原嗣生

昨今誰もが口にする「日本型雇用の崩壊」がウソであることを、様々なデータで証明した話題の本。時代に合わせて加筆訂正した決定版。（勝間和代）

生き延びるためのラカン　斎藤環
幻想と現実が接近しているこの世界で、できるだけリアルに生き延びるためのラカン解説書にして精神分析入門書。カバー絵・荒木飛呂彦　（中島義道）

ちぐはぐな身体《からだ》　鷲田清一
ファッションは、だらしなく着くずすことから始まる。中高生の制服の着崩し、コムデギャルソン、刺青等から身体論を語る。　（永江朗）

逃走論　浅田彰
パラノ人間からスキゾ人間へ、住む文明から逃げる文明への大転換の中で、軽やかに〈知〉と戯れるためのマニュアル。

ナショナリズム　浅羽通明
新近代国家日本は、いつ何のために、創られたのか。日本ナショナリズムの起源と諸相を十冊のテキストを手がかりとして網羅する。　（斎藤哲也）

増補 サブカルチャー神話解体　宮台真司／石原英樹／大塚明子
少女カルチャーや音楽、マンガ、AVなど各種メディアの歴史を辿り、若者の変化を浮き彫りにした前人未到のサブカル分析。　（上野千鶴子）

反社会学講座　パオロ・マッツァリーノ
恣意的なデータを使用し、権威的な発想で人に説教する困った学問「社会学」の暴走をエンターテイメントな議論で撃つ！　真の啓蒙は笑いから。

誰も調べなかった日本文化史　パオロ・マッツァリーノ
土下座のカジュアル化、先生という敬称の由来、全国紙一面の広告。——イタリア人（自称）戯作者が、資料と統計で発見した知られざる日本の姿。

希望格差社会　山田昌弘
職業・家庭・教育の全てが二極化し、「努力は報われない」と感じた人々から希望が消えるリスク社会日本。「格差社会」論はここから始まった！

ザ・フェミニズム　上野千鶴子／小倉千加子
当代きってのフェミニスト二人が、さまざまなトピックを徹底的に話しあった。今、あなたのフェミニズム観は根本的にくつがえる。　（遙洋子）

東大で上野千鶴子にケンカを学ぶ　遙洋子
そのケンカ道の見事さに目を見張り「私も学問がしたい！」という熱い思いを読者に湧き上がらせた、涙と笑いのベストセラー。　（斎藤美奈子）

ちくま文庫

減速《げんそく》して自由《じゆう》に生《い》きる
ダウンシフターズ

二〇一四年一月十日　第一刷発行
二〇一九年九月十五日　第五刷発行

著者　高坂勝（こうさか・まさる）
発行者　喜入冬子
発行所　株式会社　筑摩書房
東京都台東区蔵前二―五―三　〒一一一―八七五五
電話番号　〇三―五六八七―二六〇一（代表）
装幀者　安野光雅
印刷所　中央精版印刷株式会社
製本所　中央精版印刷株式会社

ISBN978-4-480-43123-3 C0195